달섬 세계고전

25

맹자 2

맹자

孟子

맹자 2

김기주 옮김

달섬

일러두기

1. 글자를 따라 직역하는 것을 원칙으로 하되, 의미 전달에 방해가 되거나 충분히 의미가 드러나지 않을 때는 의역을 선택하였다.
2. 『맹자』는 어록語錄으로, 내용 대부분은 맹자와 문인, 제후 등과의 대화로 구성되어 있어서, 대화의 현장감을 최대한 살려 직접화법으로 번역하였다.
3. 문인과의 대화는 낮춤이나 평어체로, 다른 인물과의 대화 등은 모두 경어체로 번역하였다.
4. 인명人名과 지명地名 등은 중국어 발음이 아닌 한국어 발음으로 표기하였다.

목차

맹자 1

맹자 2

작품 해설

맹자와 그의 어록 『맹자』

맹자는 흔히 공자와 함께 병칭된다. 관습적으로 '공자와 맹자' 혹은 '공맹'이라 붙여서 부른다. 속담에도 이 두 사람을 들먹이며 아는 체 하는 것을 '공자왈맹자왈'이라 말하기도 한다. 그런데 이런 표현 자체가 맹자라는 한 인물이 유교나 유학에서 어떤 위상을 가지는지를 보여준다. 공자는 유학을 창시한 사람이자, 최고의 인격으로 이미 오래 전부터 추앙되었다. 그런 공자와 함께 맹자가 병칭될 때, 맹자의 위상은 자연스럽게 높아질 수 있었다. 그런 까닭에 공자에 버금가는 성인이라는 뜻의 '아성亞聖'이라는 호칭이 맹자에게 너무나 잘 어울리는 것처럼 생각된다.

그런데 이와 같은 시각에는 하나의 반전이 숨어 있다. 그 반전이란 유학에서 맹자의 위상이 흔히 짐작하는 것만큼 오래되지 않았다는 점이다. 최소한 맹자 사후 천 년 이상, 맹자는 공자와 병칭되지 않았을 뿐만 아니라, 유학의 중심 흐름에 자신의 자리를 갖지 못했다. 오히려 그는 늘 비판의 대상이었다.

전제 왕권이 자리 잡으며 강화되던 시대에 '군주답지 않은 군주는 바꿀 수 있다'는 주장이나 '백성이 귀하고 군주는 가볍다(民貴君輕)'는 그의 시각은 쉽게 받아들여질 수 없었다. 후한 말기 조기趙岐(108 추정~201 추정)가 『맹자주孟子注』를 남겼지만, 사실 맹자와 그의 어록 『맹자』에 대한 본격적인 관심은 송대에 와서야 비로소 시작되었다. 특히 남송시대의 성리학, 곧 정주학程朱學이나 육왕학陸王學은 모두 맹자를 주요 뼈대로 삼았다. 그리고 그 과정에서 맹자의 어록 『맹자』는 마침내 유교의 마지막이자 13번째 경전으로 편입되어 자리 잡을 수 있었다. 특히 주희朱熹(晦庵, 1130~1200)가 『예기』에서 『대학』과 『중용』을 독립시키고, 여기에 『논어』와 『맹자』를 더해 사서四書로 편성한 이후 유교에서 『맹자』의 위상은 확고해졌다.

이처럼 맹자와 그의 어록인 『맹자』는 긴 우여곡절의 시간을 거쳤다. 『맹자』를 읽는 것과 함께, 맹자가 어떤 삶을 살았는지, 그의 어록 『맹자』는 어떤 책인지를 간단하게나마 살펴봐야 하는 이유도 바로 여기에서 찾을 수 있을 것이다. 먼저 맹자의 생애부터 살펴보자.

1. 맹자의 생애

맹자와 같은 고대 인물들의 생졸연대나 행적 등을 정확하게 확인할 방법은 없다. 일반적으로 공자나 맹자의 경우 『논어』나 『맹자』, 『사기』 등 여러 서적의 기록, 곧 그들이 만났던 사람이나, 관련되어 일어났던 사건들을 참고해 활동했던 연대를 추측할 수 있을 뿐이다.

이런 방식으로 추정했을 때, 맹자는 주周나라 열왕烈王 4년(기원전 372)에 태어나 난왕赧王 26년(기원전 289)에 84세를 일기로 생을 마쳤다. 사실 이것은 맹자의 생졸연대와 관련된 여러 설 가운데 하나이지만, 이것이 사실에 가깝다면 맹자는 공자 사후 100년 정도 뒤에 태어나 전국시대 중기를 살아간 셈이다. 공자는 대략 기원전 551년부터 기원전 479년 사이에 생존했기 때문이다.

맹자孟子의 성은 맹孟이며 이름은 가軻이다. 추鄒라는 지역 출신으로, 공자가 활동했던 노나라의 수도인 곡부曲阜의 남쪽, 멀지 않은 곳에 있었다. 맹자는 교육에 깊은 관심을 가진 어머니 슬하에서 자랐다. 어머니가 아들의 좋은 교육환경을 위해 '세 번이나 이사를 했다(孟母三遷)'라거나, 중도에 공부를 그만두어서는 안 된다는 것을 알려주기 위해 '맹자의 어머니는 짜던 베를 끊었다(孟母斷機)'라는 이야기가 지금까지도 전해온다.

특히 맹자는 인간의 본성이 선하다는 '성선론性善論'을 바탕으로, '왕도정치王道政治'야 말로 당시 혼란한 시대 상황을 극복할 유일한 길이라고 믿었다. 그런 믿음을 바탕으로 그 역시 공자처럼 50세를 전후한 시기부터 제후들을 찾아가 왕도정치를 시행하라고 설득하였다. 왕도정치란 다름 아닌 진정한 왕이 실시하는 정치이자, 최고의 왕으로 추앙되던 요堯·순舜·우禹·탕湯과 같은 고대의 왕들이 실시하던 정치를 가리킨다. 그것은 곧 인仁과 의義를 실천하는 정치이기도 했다.

맹자는 기원전 320년경에 위魏나라의 수도인 대량大梁(현재의 河南

省 개봉開封)으로 가서 혜왕惠王에게 왕도에 관해 설명하고 설득했지만, 혜왕은 곧 사망하고, 그 아들인 양襄에게 실망해 산동에 있는 제齊나라로 옮겨 갔다. 그곳에서 제나라의 선왕宣王에게 기대를 걸고 칠팔 년을 머물렀으나, 역시 그의 주장은 받아들여지지 않아 그곳을 떠날 수밖에 없었다. 그 뒤 송宋나라(河南省 商丘縣), 설薛나라(山東省 藤縣 서남쪽)를 거쳐 1차로 추나라에 돌아온 뒤, 다시 문공文公의 초대를 받아 등藤나라(山東省 藤縣)로 갔지만, 결국 자신의 정치적 이상을 실현할 기회를 얻지 못하고 노魯나라(山東省 曲阜縣)를 거쳐 고향인 추로 돌아왔다.

당시의 제후들이 필요로 했던 것은 맹자가 주장하는 왕도정치가 아니라, 부국강병을 이뤄 다른 제후국을 합병할 수 있는 정치적 방법이나 군사적 힘이었다. 이와 같은 제후들의 현실적 관심과 거리가 멀었던 맹자의 주장은 어떤 제후에게도 주목받지 못하였다. 자신의 정치적 이상을 실현하기 위해 50세가 넘어서 본격적으로 시작했던 여러 나라의 여행을 그렇게 마무리하고, 그는 마침내 고향으로 돌아올 수밖에 없었는데, 그때가 그의 나이 70세 전후였다고 추정된다.

고향으로 돌아와 제자들과 함께 『시경』과 『서경』, 그리고 공자의 정신을 토론했으며, 그때 만들어진 책이 오늘날 전해지는 『맹자』 7편이라고 하는 설이 『사기』의 저자 사마천 등의 주장이다. 후한後漢의 조기趙岐나 남송南宋의 주희朱熹 역시 『맹자』는 맹자 본인이 직접 쓴 책이라고 생각했다. 그러나 당唐의 임신사林愼思나 한유韓愈, 또 송대의 『문헌통고文獻通考』 등은 맹자 사후 맹자의 제자인 공손추와 만장

등에 의해 편집되었다고 주장했는데, 현재에는 일부 맹자가 직접 저술한 부분과 함께 대부분 내용을 제자들이 편집한 것으로 이해하고 있다.

2. 시대적 배경

역사가들에 의해 맹자가 살았던 시대는 흔히 춘추전국春秋戰國시대로 구분된다. 하지만 좀 더 자세하게 구분하자면, 공자가 춘추시대를 살았다면, 맹자는 전국시대를 살았다. 기원전 1050년을 전후해서 뒤에 주나라를 세운 주周부족은 황하 서부의 위하渭河유역에 거주하였는데, 그 중심거점은 현재의 서안西安 부근인 호경鎬京이었다. 이처럼 주나라는 중국의 서부에 위치하며, 상商 왕조의 서부 국경을 지키던 일개 부족국가에 불과했다. 그러나 문왕文王, 무왕武王, 주공周公 등의 뛰어난 지도자들이 등장하면서, 주周는 결국 상나라를 멸망시키고 서쪽으로는 위하 유역에서 동쪽으로는 산동의 동쪽 끝까지, 북쪽으로는 만주 남부에서부터 남쪽으로는 장강의 중하류 유역까지를 지배하는 세력으로 성장하였다.

하지만 단순히 말이나 마차 등과 같은 비효율적인 교통수단과 통신기술에 의지해 이렇게 넓은 지역을 하나의 중앙정부가 직접 통치할 수는 없었다. 상나라가 각 지역의 부족이 연합해 하나의 거대한 국가를 형성하는 방식이었다면, 주나라는 중앙을 향한 진일보한 방식을 선택하였는데, 그것이 바로 봉건제도이다. 건국 초기 주공은 상 왕조 시대 통치의 중심이었던 지금의 낙양에 제2의 수도를 건립하는 한편, 왕의 후예나 친인척, 공신, 혈맹들을 제후로 임명하여 각 지역을 나눠 다스리도록 하였다.

봉건제도 속에서 주나라의 왕과 각 제후는 직접적인 혈연관계이거나, 결혼과 같은 간접적 혈연 혹은 의형제 등의 인위적 혈연으로 맺어짐으로써 오랫동안 비교적 공고한 유대관계를 유지할 수 있었다. 하지만 세월의 흐름과 함께 이 혈연적 유대 역시 점점 약해질 수밖에 없었다. 마침내 기원전 841년 주나라 제10대 려왕厲王은 신하들에 의해 왕위를 박탈당하고 도성 밖으로 쫓겨나, 13년 동안 왕의 자리가 비어있는 사태까지 벌어졌다. 그 후 다시 옹립된 선왕宣王이 왕권을 회복하려 애썼지만, 기원전 771년에는 신후申侯 등의 연합군에 의해 유왕幽王이 시해되었고 도성은 대부분 파괴되고 말았다. 곧이어 몇몇 제후들에 의해 다시 옹립된 평왕平王은 이듬해에 제2의 수도인 낙읍(현재의 하남성 洛陽)으로 천도遷都하지 않을 수 없었고, 이때부터 동주東周, 곧 춘추시대가 시작되었다.

이처럼 영향력을 가진 제후와 그들이 야만인으로 치부하던 오랑캐에게 쫓겨 호경에서 낙양으로 수도를 옮겨야 했던 주周나라의 왕은 이때부터 실질적인 통치권을 행사할 수 없게 되었으며, 기원전 226년 멸망할 때까지 겨우 형식적인 지위만을 유지할 수 있었다. 그 대신 힘을 가진 제후가 서로 패권을 다투는 시대가 열리게 되었는데, 이 시대가 바로 춘추전국시대이다.

춘추시대와 전국시대의 구분에 대해서는 여러 가지 설이 있지만 진晉나라가 한韓·위魏·조趙 세 나라로 분리된 기원전 453년, 혹은 주周 왕실이 이것을 공인한 기원전 403년을 그 분기점으로 보는 설이 가장 널리 받아들여지고 있다. 그래서 일반적으로 기원전 770년 낙읍으로 천도한 때로부터 진晉나라가 삼등분되는 기원전 403년까지를 춘추시대, 기원전 402년부터 진秦나라가 중국 전체를 통일할 때까지를 전국시대라고 부른다. 이렇게 춘추전국시대를 구분해 보면 춘추시대에는 아직 명목상으로나마 주나라 왕의 권위가 인정되어 서주 이래로 주나라를 지탱해 주었던 예악문화禮樂文化가 어느 정도는 시행되고 있었다. 그러나 전국시대에 들어서면 주나라 왕의 권위는 완전히 상실하게 되었고, 서주 초기의 예악적禮樂的 질서 역시 모두 무너졌으며, 제후국들은 서로 정복 전쟁을 반복하였다.

그러나 이 두 시대에도 하나의 일관된 흐름이 있는데, 분열을 극복하고 통일을 향한 움직임이 그것이었다. 춘추시대 초기에는 170여 개 제후국이 분립하고 있었지만, 점차 제후국 상호 간의 전쟁과 동맹을 통해 패자霸者에 통솔되면서 일종의 제후국 연합을 이루게 되었다. 더욱이 그 과정에서 약소국은 점차 큰 나라에 병합되어 주권이 없는 지방 도시로 전락하고 큰 제후국의 규모는 보다 확대되었다. 이와 같은 병합의 과정을 거쳐 전국시대에는 마침내 진·초·제·연·한·위·조의 7개 제후국이 남았는데, 이들 국가를 전국칠웅戰國七雄이라 부른다.

이렇듯 춘추전국시대는 분명 정치적인 혼란기였다. 하지만 다른 한편에서 보자면 철기와 우경의 보급으로 인한 생산력의 증대와 함께, 문화면에서도 비약적인 발전이 이루어진 시대였다. 특히 전국 시대에는 제후국들의 경쟁적인 부국강병의 추구와 함께, 생산력을 높이려는 다양한 정책이 시행되었다. 또한 상업의 발달과 함께 부의 축적이 이루어졌고, 다양한 학파와 사상이 등장해 경쟁하는 제자백가諸子百家의 시대였다. 사회의 혼란 속에서 어떻게 살아갈 것이며, 어떻게 세상의 문제를 해결할 것인가에 관한 각종 사상이 등장하지만, 그 사상을 통제할 절대 권력이 아직 등장하지 않았으므로 중국 사상사에서 가장 자유로운 학문 활동이 진행되었던 시기이기도 했다. 맹자와 그의 어록인 『맹자』는 바로 이 시대의 산물이다.

3. 『맹자』의 주요 내용

처음으로 맹자의 어록인 『맹자』에 대해 관심을 가지고 그 내용에 대해 해설한 사람은 후한後漢 시대의 조기趙岐이다. 조기는 『맹자』 7편을 각각 상하로 나누어 14권으로 편집하였는데, 이것이 이후 『맹자』의 체제로 정착되었다. 『한서』 「예문지」에는 『맹자』의 구성에 대해 11편이라고 기록하는데, '외서外書' 4편이 포함되었을 가능성이 높다. 조기는 당시에 통용되던 「성선性善」·「변문辯文」·「설효경說孝經」·「위정爲正」(기록에 따라 「성선변性善辯」·「문설文說」·「효경孝經」·「위정爲正」으로 표기되기도 함) 4편은 한대의 유학자들이 쓴 것인데 맹자를 저자로 내세운 것으로 판단하고, 『맹자』에 편입시키지 않았다. 이후 이 4편의 글은 일실되어 현재는 전하지 않는다. 『맹자』 7편과 그 대체적인 내용은 다음과 같다.

제1편 「양혜왕梁惠王 상·하」

위魏나라의 혜왕, 제齊나라의 선왕, 추나라의 목공과 만나 나눈 대화로, 왕도정치의 실시를 강하게 주장하고 있는 내용이다.

제2편 「공손추公孫丑 상·하」

제자인 공손추와 문답한 내용으로, '호연지기浩然之氣'와 '사단四端의 마음'이 이곳에서 이야기된다.

제3편 「등문공滕文公 상·하」

농지정리와 조세개혁, 농가학파나 묵가학파와의 논쟁, '변론을 좋아한다'라는 세인들의 평가에 대한 맹자의 해명 등이 실려 있다.

제4편 「이루離婁 상·하」

제자의 질문에 답하기보다는, 주로 맹자가 말한 것을 기록하고 있는데, 『중용』이나 『대학』 등과 유사한 내용 등이 있다.

제5편 「만장萬章 상·하」

제자인 만장과 문답한 내용으로, 요·순에 대해 성인이자 이상적인 인격을 갖춘 인물로 평가된다.

제6편 「고자告子 상 · 하」

인간의 본성에 관한 고자와의 논쟁을 통해 맹자의 중심 사상인 '성선설'을 비교적 상세하게 설명하고 있다.

제7편 「진심盡心 상 · 하」

상대적으로 짧은 문장들로 구성되어 있으며, 심心과 성性, 천天에 관한 맹자의 생각, 특히 마지막 요 · 순으로부터 맹자 자신에 이르기까지 도가 전승되는 과정이 제시되고 있다.

전체적으로 보자면 『맹자』는 '성선론'으로 요약되는 인간관을 토대로, 각각의 사람들이 모두 가지고 있는 그 선한 본성이 실현되는 세상을 위해 '진정한 왕이 시행하는 정치' 곧 '왕도정치王道政治'를 제시해 보여주고 있다. 그것은 맹자가 추구한 이상적인 정치형태였다. 그것은 통치자의 덕德에 기초한 정치이자, 각각의 사람이 가지고 있는 선한 본성이 실현되는 혹은 실현되도록 돕는 정치체제를 가리킨다. 그 이론체계에서 보자면, 그의 성선론은 왕도정치를 가능하게 하는 논리적이고 내재적인 근거가 된다. 동시에 그와 같은 선한 본성을 모든 사람은 갖추고 있지만, 삶 속에서 그것을 온전히 표현하거나 현실화하며 실천하지 않는다는 점에서, 그것을 실현하는 방법, 곧 수양론 역시 체계적으로 제시되었다.

그런데 이 왕도정치를 맹자는 자신이 새롭게 만든 것이 아니라고 말한다. 그것은 오래전의 진정한 왕들인 요堯와 순舜이 시행했던 것이고, 공자에게까지 이어져 공자가 실현하고자 노력했던 정치라고 주장하면서 도통道統의 계보를 제시했다. 그리고 자신이야말로 이 진정한 왕들의 전통을 계승한 인물이라는 자부심을 드러냈다. 이처럼 진리를 계승했다고 자부하는 그의 도통의식은, 외적으로는 필연적으로 자신과 다른 주장을 펼치는 이단異端에 대한 비판을 동반했다. 춘추전국시대에 등장한 수많은 학파와 학자들, 곧 제자백가와의 사상적 경쟁에서 맹자는 바로 이런 도통의식을 통해 자신의 입지를 확보하고, 그 지향을 합리화했다.

4. 가치와 의의

처음 『한서』 「예문지」에서 『맹자』를 '기타 사상서(子)'로 분류한 이래, 송대 이전까지 『맹자』는 경전이 아닌 기타 사상서로 분류되었다. 중국에서는 서적을 크게 4가지 범주, 곧 경전(經) · 역사서(史) · 기타 사상서(子) · 시문집(集)으로 분류했는데, 『논어』와 『시경』 · 『서경』 등은 일찍이 영원하고 변하지 않는 진리를 담고 있는 경전으로 분류되었다면, 오랫동안 『맹자』는 그와 같은 대접을 받지 못했다. 사마천이 『사기』의 「맹순열전孟荀列傳」을, 조기趙岐는 『맹자주孟子注』를 남겼지만, 『맹자』에 대한 일반적인 시선이나 평가를 바꾸지는 못했다.

『순자荀子』의 「비십이자非十二子」 편에서 시작된 맹자에 대한 비판은, 그 뒤로도 왕충王充의 『논형論衡』 「자맹刺孟」, 사마광司馬光의 「의맹疑孟」, 이구李覯의 「비맹非孟」, 조설지晁說之의 「저맹詆孟」 등으로 이어졌다. 이 같은 『맹자』에 대한 부정적인 평가가 근본적으로 달라진 것은 송나라가 시작된 이후였다. 특히 주희朱熹는 『예기』에서 「대학」과 「중용」을 독립시키고, 이 둘을 『논어』·『맹자』와 함께 사서四書로 묶었다. 그리고 이 사서에 주, 곧 해설을 덧붙인 『사서집주四書集註』를 간행하였다. 흔히 성리학性理學이라고 불리는 이들의 학문은, 그 사상적 토대로 『맹자』를 적극적으로 활용했다. 이것은 상산학을 체계화한 육구연이나 양명학을 체계화한 명대의 왕수인 역시 예외가 되지 않았을 뿐만 아니라, 이들은 더욱 적극적으로 『맹자』에 주목했다. 이때부터 『맹자』는 경전으로 존중되기 시작했으며, 사서는 오경과 어깨를 나란히 하는 유가의 경전이 되었다. 물론 그 과정에서 『맹자』는 일정 부분 왜곡되기도 했는데, 청나라의 대진戴震은 『맹자자의소증孟子字義疏證』에서 왜곡되지 않은 맹자의 모습을 밝히고자 했다.

예수에게 사도 바울이 있었듯, 석가모니에게 용수와 세친이 있었듯, 공자에게는 맹자가 있었다. 유가의 첫걸음은 공자가 내디뎠지만, 유가의 이상을 이론적으로 체계화하고 그것을 학문으로 성립시킨 사람은 맹자였다. 덕치德治의 이상, 그 덕치의 가능성인 사람에게 내재하는 선한 본성, 그리고 그 이상과 혼란한 현실 사이의 거리를 메우기 위한 수양론과 교육에 대한 논의 등 『맹자』는 유학사상의 근원적 체계를 충실하게 제시하고 있는 책이다.

특히 송명시대의 유학자들이 『맹자』에 주목했던 것은, 그들의 철학이 심성론心性論과 공부론工夫論(수양론)을 중심으로 전개되었다는 점과 무관하지 않다. 그들 이론의 중심축이 다름 아닌 『맹자』에 토대를 두고 있었다는 것을 의미한다. 주자학과 양명학은 모두 '인간 본성은 선하고, 그래서 모든 사람은 성인이 될 수 있다'는 맹자의 성선설에 대한 자기 나름의 이해결과이기도 했다. 우리나라 성리학의 전개를 상징적으로 표현하는 '사단칠정四端七情논쟁'이나 '인심도심人心道心논쟁' 역시 근본적으로는 『맹자』의 사유와 닿아있다. 이렇게 본다면 『맹자』는 그 내용으로 볼 때도 유가의 사상을 대표할 만한 책이며, 역사적으로도 송대 이후 유가의 대표적인 경전의 역할을 충실하게 수행해 온 책이라고 할 수 있다.

옮긴이의 말

학위과정을 마치고 귀국한지도 훌쩍 20년이 지났다. 박사논문은 『이상적 도덕과 도덕의 이상: 맹자 도덕철학의 재구성(理想的道德與道德的理想: 孟子道德哲學之再構成)』이라는 제목이었다. 돌아보면 문제 투성이였지만, 나름 젊은 패기로 맹자의 도덕철학을 새로운 틀로 재구성하려는 시도였다. 석사논문 역시 맹자와 그의 어록 『맹자』를 대상으로 한 연구였다. 이런 사실에서 보자면 석사와 박사논문을 맹자에 관해 쓴 충실한 맹자 전공자인 셈이다. 그런데 학위 논문 이후 발표한 연구논문 가운데, 맹자와 관련된 것은 겨우 한두 편을 꼽을 수 있을 뿐이다. 그것도 자의가 아닌 주변 분들의 부탁으로 차마 거절하지 못해서 쓴 글이었다. 이런 점에서 보자면 맹자 전공자로서의 책임과 의무를 다했다고 말하기는 어려울 것 같다.

사실 귀국이후 학문적 관심은 온통 조선성리학과 그 직접적인 뿌리인 송명리학에 집중되어 있었다. 특히 나고 자란 영남지역의 성리학과 그 흐름은 지금까지의 중심 연구 주제였다. 하지만 이런 관심에서도 맹자를 완전히 잊고 있었던 것은 아니었다. 오히려 조선의 성리학이나 영남의 성리학을 바라보는 그 시선 깊숙한 곳에는 늘 맹자가 자리 잡고 있었다. 그것은 송명리학에 관한 연구에서도 마찬가지였다.

이 모든 연구에서 맹자는 나에게 늘 하나의 높은 산봉우리였다. 높은 산봉우리에 오르면 모든 것이 내려다보인다. 산과 봉우리들이 어느 방향으로 이어지며 흘러가고 있는지 모든 것이 한 눈에 들어온다. 모든 것을 내려다 볼 수 있는 높은 산봉우리처럼, 맹자는 유학의 흐름과 방향을 읽도록 해 준, 우뚝 솟은 나의 봉우리였던 것이다. 이것은 당연히 나만의 개인적인 경험일 수는 없다. 맹자와 그의 어록 『맹자』가 중국은 물론이고, 우리나라에서도 수 많은 사람의 주목을 받을 수 있었던 것은, 다름 아닌 그가 하나의 높은 봉우리였기 때문이 아니었을까?

그럼에도 『맹자』는 13종의 유교 경전 가운데 가장 늦은, 송나라 때에 와서야 비로소 경전의 지위를 가지게 된 책이다. 그 이전까지 맹자는 수 많은 유학자 가운데 한 사람이었고, 그의 어록 『맹자』는 자부子部 유가류儒家類의 여러 저술 가운데 하나였을 뿐이었다. 그것은 『맹자』에 전제왕권시대의 지향에 반하는 내용이 담겨 있었기 때문이었다. 나쁜 군주는 군주라고 할 수 없어서, 그 자리에서 끌어내릴 수 있다는 생각이나, 군주보다 백성이 더 존귀하다는 생각 등이 그런 내용에 해당한다. '사람이라면 누구나 요堯와 순舜이 될 수 있다'는 주장은 '사람이라면 누구나 요와 순 같은 군주가 될 수 있다'는 의미로 이해되어 맹자를 비판하는 구실이 되기도 했다.

중앙집권적 절대왕권이 등장하기 이전의 사유를 보여주는 맹자의 지향이나 사상은 이토록 진보적이고 혁신적이었다. 이것은 맹자나 『맹자』가 가진 주요한 매력이기도 하다. 동시에 이 점은 맹자 사후 천 년이 훨씬 지나 다시 그의 가치가 재조명될 수 있었던 주요한 토대이기도 했을 것이다. 현대를 살아가는 우리가 여전히 『맹자』에 관심을 기울이는 이유를 여기에서 찾아볼 수도 있을 것이다. 이런 사실에서 이 책이 그와 같은 맹자의 매력을 찾아가는, 그리고 그에 대해 한 걸음 더 깊이 다가가 이해할 수 있는 계기가 되기를 진정 희망한다.

사실 『맹자』의 번역은 귀국한지 얼마 지나지 않아 시작했던 일이다. 당시 이미 몇 종류의 번역서가 출판되어 있었지만, 『맹자』의 기본 형식인 대화체를 현실감 있게 보여주지 않거나, 문장 표현들이 현대를 살아가는 우리와 일정한 거리가 있다고 여겨졌다. 이런 생각으로 그 시절 유행하던 개인 홈페이지에 매주 일정한 분량을 번역해 올리는 방식으로 번역을 시작했었다. 물론 이런 저런 일들로 인해, 아쉽게도 그 일은 끝까지 진행해 마무리할 수 없었지만, 그 때에 작업했던 것들은 이 책의 훌륭한 출발점이 되어 주었다. 지금은 이미 많은 종류의 『맹자』 주해서나 관련 저술이 출간되어 있어서, 여기에 다시 한 종류의 주해서를 더하는 것이 그다지 큰 의미를 가지지 않을 수도 있을 것이다. 그럼에도 개인적으로는 10여 년 만에 한 문장 한 문장을 다시 점검하며 번역을 마무리할 수 있는 기회가 생겨 진정 기쁘다. 여기에 더해 맹자 전공자의 역할이나 책임을 이 책을 통해 조금이나마 면할 수 있어서 큰 다행이기도 하다.

번역 과정에서 앞선 연구자들의 발걸음이 큰 도움이 되었음을 언급하지 않을 수 없다. 또 처음 계획에 없었던 해설 등의 부분이 조급하게 추가되면서, 충실하게 반영되지 못한 것이 아쉽지만, 어떻게 마무리하더라도 아쉬움이 남을 것이라 위안해 본다. 여전히 남아 있는 온전하지 않은 부분들은 다시 훗날을 기약해 볼 뿐이다.

2020년 10월

보현산 아래 別墅에서 김기주

07. 이루장구離婁章句 상上

첫 번째

1

孟子曰, "離婁之明, 公輸子之巧, 不以規矩, 不能成方員, 師曠之聰, 不以六律, 不能正五音. 堯舜之道, 不以仁政, 不能平治天下. 今有仁心仁聞而民不被其澤, 不可法於後世者, 不行先王之道也. 故曰, 徒善不足以爲政, 徒法不能以自行. 詩云, '不愆不忘, 率由舊章.' 遵先王之法而過者, 未之有也. 聖人旣竭目力焉, 繼之以規矩準繩, 以爲方員平直, 不可勝用也. 旣竭耳力焉, 繼之以六律, 正五音, 不可勝用也. 旣竭心思焉, 繼之以不忍人之政, 而仁覆天下矣. 故曰, 爲高必因丘陵, 爲下必因川澤. 爲政不因先王之道, 可謂智乎? 是以惟仁者宜在高位. 不仁而在高位, 是播其惡於衆也. 上無道揆也. 下無法守也, 朝不信道, 工不信度, 君子犯義, 小人犯刑, 國之所存者幸也. 故曰, 城郭不完, 兵甲不多, 非國之災也. 田野不辟, 貨財不聚, 非國之害也. 上無禮, 下無學, 賊民興, 喪無日矣. 詩曰, '天之方蹶, 無然泄泄.' 泄泄, 猶沓沓也. 事君無義, 進退無禮, 言則非先王之道者, 猶沓沓也. 故曰, 責難於君謂之恭, 陳善閉邪謂之敬, 吾君不能謂之賊."

맹자가 말하였다. "이루離婁의 밝은 시력이나, 공수자公輸子의 정교한 기술도 걸음쇠(컴퍼스)나 직각자를 쓰지 않으면 정확한 네모와 원을 그릴 수 없습니다. 사광師曠의 밝은 청력으로도 육률六律을 쓰지 않으면 오음五音을 바로잡을 수 없고, 요堯와 순舜의 도道로도 인仁을 실천하는 정치가 아니라면 세상을 평화롭게 다스릴 수 없습니다. 지금 몇몇 군주들에게 착한 마음과 착하다는 소문이 있으면서도, 백성들이 그 혜택을 보지 못하고, 후세의 본보기가 되지 못하는 것은 옛 왕들의 도를 실천하지 않기 때문입니다. 그러므로 '착한 마음만으로 정치를 할 수는 없고, 법을 제정하는 것만으로 저절로 실행되도록 할 수 없다.'라고 말하는 것입니다. 『시경』에 '잘못을 저지르지도 않고 잊지도 않으며, 옛 왕들의 전장典章을 따르네.'라고 하였으니, 옛 왕의 법을 따랐는데 잘못되는 일은 없습니다. 성인聖人이 시력을 모두 사용한 후에도, 다시 이어서 걸음쇠(컴퍼스)나 직각자, 수평기, 먹줄 같은 기구를 사용해 네모와 둥근 원, 평행선, 직선을 만드니 그런 도형이 다 사용할 수 없을 만큼 풍부하게 되었습니다. 청력을 모두 사용

한 후에도, 다시 이어서 육률을 사용해 오음을 바로잡으니, 음이 다 사용할 수 없을 만큼 풍부하게 되었으며, 마음속의 생각을 모두 실천한 후에도, 불의不義를 참지 못하는 정치로 계속 이어지니, 인仁이 세상을 덮게 된 것입니다. 그런 까닭에 '높은 것을 만들 때는 반드시 언덕을 이용하고, 낮은 것을 만들 때는 반드시 깊은 못을 이용한다.'라고 하였는데, 정치하면서 옛 성왕의 도를 따르지 않는다면 지혜롭다고 할 수 있겠습니까? 그러므로 오직 인仁을 실천하는 사람만이 높은 지위에 있어야 합니다. 인仁을 실천하지 않으면서 높은 지위에 있는 것은, 여러 사람에게 악을 퍼뜨리는 것입니다. 위에서는 도를 기준으로 삼지 않고, 아래에서는 법法으로 지키는 것이 없으며, 조정에서는 도를 믿지 않고, 공인들은 척도尺度를 믿지 않으며, 군자가 도의를 지키지 않고, 소인이 형법을 지키지 않는다면 나라가 보존되는 것이 요행입니다. 그래서 '성곽城郭이 견고하지 않고, 병사兵士나 병기가 많지 않은 것은 나라의 재앙이 아니며, 밭과 들이 개간되지 못하고, 재화가 모이지 않는 것은 나라의 재해가 아니다. 윗사람은 예禮를 실천하지 않고, 아랫사람은 배우지 않으며, 도적이 발흥하면, 망하는 것은 하루도 걸리지 않는다.'라고 한 것입니다. 『시경』에 '천天이 비로소 무너뜨리려 하는데, 그렇게 제멋대로 떠들고 있을 수 없다.'라고 하였는데, 떠들고 있는 것은 곧 어떤 상황인지 모르고 시끄럽게 말이 많다는 뜻입니다. 군주를 섬기는 데 의리가 없고, 벼슬에 오르고 물러나는 것에 예의가 없으며, 말만 했다 하면 옛

왕의 도를 비방하는 것이 제멋대로 떠드는 것입니다. 그래서 '어려운 일을 실천하라고 군주에게 권고하는 것을 공손하다(恭)라고 하고, 군주에게 선善한 것을 이야기하고 나쁜 마음을 막는 것을 공경한다(敬)라고 하며, 우리 군주는 할 수 없다고 말하는 것은 군주를 해치는 것이다(賊).'라고 말하는 것입니다."

역자 해설

이루離婁는 100걸음이나 멀리 떨어져 있는 가느다란 털끝을 볼 수 있는 시력을 가진 인물로, 황제黃帝가 잃어버린 검은 구슬을 밝은 눈을 가진 그가 찾았다고 전해진다. 『산해경』이나 『장자』, 『회남자』 등에서는 이주離朱로 표기되어 있다. 반면 공수자公輸子의 경우 공수가 성이고 이름은 반般으로 알려졌지만, 공수자와 반은 다른 사람이라는 설도 있다. 춘추말기 노魯나라 사람으로 목수이자 장인이다. 초나라에 성을 공격하는 무기인 운제雲梯를 만들어 주었는데, 초나라가 그것으로 송宋나라를 공격하자, 묵자墨子가 초나라로 달려가 만류했다는 일화가 전한다. 사광師曠은 춘추시대 진晉나라의 악사로, 맹인으로 알려져 있다.

두 번째 2

孟子曰, "規矩, 方員之至也. 聖人, 人倫之至也. 欲爲君盡君道, 欲爲臣盡臣道, 二者皆法堯舜而已矣. 不以舜之所以事堯事君, 不敬其君者也. 不以堯之所以治民治民, 賊其民者也. 孔子曰, '道二, 仁與不仁而已矣.' 暴其民甚, 則身弑國亡. 不甚, 則身危國削. 名之曰'幽厲', 雖孝子慈孫, 百世不能改也. 詩云, '殷鑒不遠, 在夏后之世', 此之謂也."

맹자가 말하였다. "걸음쇠(컴퍼스)와 곡척은 사각형과 동그라미의 원형原型이고, 성인聖人은 인륜人倫의 원형입니다. 군주가 되려면 군주의 도리를 온전히 실천해야 하고, 신하가 되려면 신하의 도리를 온전히 실천해야 하는데, 이 두 가지는 모두 요堯와 순舜을 본받는 것일 뿐입니다. 순이 요를 섬기던 방법으로 군주를 섬기지 않으면 그 군주를 공경하지 않는 것이고, 요가 백성을 다스리던 방법으로 백성을 다스리지 않으면 그 백성을 해치는 것입니다. 공자도 '방법은 두 가지인데, 인仁을 실천하는 것과 인을 실천하지 않는 것뿐이다.'라고 말하였습니다. 그 백성을 난폭하게 대하는 것이 지나치게 심하면, 자신은 시해당하고 나라는 망하게 되며, 심하지 않아도 자신은 위태롭고 국토는 줄어들게 됩니다. 그가 죽은 뒤에는 '어둡다'는 뜻의 '유幽'나, '사납다'는 뜻의 '려厲'라는 시호諡號가 붙여지고, 비록 효자孝子와 효손孝孫이 있더라도, 100세대가 지나도록 그것을 고칠 수 없습니다. 『시경』에 '은殷나라가 교훈으로 삼아야 할 것이 멀리 있지 않다.

하夏나라 시대에 있다.'라고 하였는데, 바로 이것을 가리켜 말한 것입니다."

역자 해설

시호諡號는 사망한 왕을 부르는 호칭으로, 이 시호에 사용될 수 있는 글자는 시대에 따라 달랐다. 『주례』에 기록된 「시법諡法」에서는 겨우 28개 글자만을 사용할 수 있었고, 『사기』의 「시법」에서는 194개의 글자를 사용하였다. 이들 글자 가운데, '왕의 생존 시에 막혀서 의사소통되지 않은 때에 유幽자를 시호에 사용하였고(壅遏不通曰幽), 오래지 않아 왕위를 잃었거나, 즉위 후 곧 사망한 경우, 재위 기간에 나라가 어지러웠던 경우(蚤孤鋪位, 動祭亂常)'에도 '유'자를 사용하였다. 그리고 '죄 없는 사람들을 죽인 왕의 경우에는 려厲자를 사용하였다(殺戮無辜曰厲).'

세 번째

3

孟子曰, "三代之得天下也以仁, 其失天下也以不仁. 國之所以廢興存亡者亦然. 天子不仁, 不保四海. 諸侯不仁, 不保社稷. 卿大夫不仁, 不保宗廟. 士庶人不仁, 不保四體. 惡死亡而樂不仁, 是猶惡醉而强酒."

맹자가 말하였다. "하夏, 은殷, 주周 삼대三代가 천하를 얻은 것은 인仁을 실천했기 때문이었고, 천하를 잃은 것은 인을 실천하지 않았기 때문입니다. 나라가 피폐하거나 성장하고, 존속되거나 멸망하는 것도 마찬가지입니다. 천자가 인을 실천하지 않으면 사해四海를 보존하지 못합니다. 제후가 인을 실천하지 않으면 사직社稷을 보전하지 못합니다. 경卿과 대부大夫가 인을 실천하지 않으면 종묘宗廟를 보존하지 못합니다. 사士와 서인庶人이 인을 실천하지 않으면 자기 한 몸을 보존하지 못합니다. 죽거나 멸망하는 것은 싫어하면서, 인을 실천하지 않는 것은 즐기는데, 이것은 술 취하는 것을 싫어하면서 억지로 술을 마시는 것과 같습니다."

역자 해설

종묘가 조상에게 제사 지내는 사당이라면, 사직社稷은 토지의 신과 곡식의 신에게 제사 지내는 제단이다. '사社'가 토지의 신을 '직稷'은 곡식의 신을 각각 가리킨다. 현재 종묘라는 것은 단순히 조상에게 제사 지내는 사당의 의미가 아닌 왕들의 신위를 모신 사당으로 이해되지만, 전국시대 당시 종묘는 왕의 사당이라는 의미에 한정되지 않고, 조상의 신위를 모시거나, 조상에게 제사 지내는 사당을 뜻하였다.

네 번째

4

孟子曰, "愛人不親反其仁. 治人不治反其智. 禮人不答反其敬. 行有不得者, 皆反求諸己, 其身正而天下歸之. 詩云, '永言配命, 自求多福.'"

맹자가 말하였다. "다른 사람을 사랑해도 그가 나를 가까이하지 않으면 스스로 인仁을 실천하고 있는지를 반성해야 합니다. 다른 사람을 다스려도 다스려지지 않으면 스스로 지혜로운지를 반성해야 합니다. 다른 사람을 예禮로 대하는데 그가 예로 답하지 않으면 스스로 공경하고 있는지를 반성해야 합니다. 무엇을 했는데도 결과를 얻지 못하는 것이 있으면 모두 자기를 돌이켜 봐서 그 원인을 찾아야 하는데, 자기 자신이 바르게 되면 세상 사람이 돌아오게 됩니다. 『시경』에 '영원히 천天의 명命에 부합하여, 스스로 많은 복福을 구하라.'라고 하였습니다."

다섯 번째

5

孟子曰, "人有恆言, 皆曰'天下國家'. 天下之本在國, 國之本在家, 家之本在身."

맹자가 말하였다. "사람들이 늘 말하는 것이 있는데, 모두 '천하天下, 나라(國), 가문(家)'을 이야기합니다. 그런데 천하의 근본은 나라에 있고, 나라의 근본은 가문에 있으며, 가문의 근본은 자신에게 있습니다."

역자 해설

사람들이 천하, 나라, 가문 등을 들먹이며 그것을 위한다고 이야기하지만, 그 근본을 거슬러 올라가 보면, 자기 자신을 바로 세우는 것이 가장 근본적이자, 출발점이라는 점을 이야기하고 있다. 앞 절의 '모두 자기를 돌이켜 봐서 그 원인을 찾아야 하는데, 자기 자신이 바르게 되면 세상 사람이 돌아오게 된다.'라는 구절과도 같은 맥락에서 이해할 수 있다.

여섯 번째

6

孟子曰, "爲政不難, 不得罪於巨室*. 巨室之所慕, 一國慕之. 一國之所慕, 天下慕之. 故沛然德敎溢乎四海."

* 부득죄어거실不得罪於巨室은 흔히 정치적 힘을 가진 '큰 가문에 죄를 짓지 않는다.'라는 의미로 이해해서, '큰 가문의 협조를 얻어내는 것이 정치에 중요한 요소'라는 맹자가 군주에게 제시하는 현실 정치에 대한 조언으로 해석한다. 하지만 여기서는 앞 장절의 주제와 동일한 '자기를 돌이켜 봐서 그 원

인을 찾는다(反求諸己)'라는 의미, 곧 '큰 가문에 잘못을 돌리지 않고, 군주 자신을 돌아봐야 한다'라고 해석하였다. 이렇게 해석할 때 뒤 구절의 내용과도 서로 자연스럽게 호응하게 된다.

맹자가 말하였다. "정치하는 것은 어렵지 않아서, 큰 가문에 죄를 돌리지 않으면 됩니다. 다른 사람을 탓하지 않고, 자신을 돌아봐 덕을 쌓으면 큰 가문이 사모하며 따르게 되고, 큰 가문이 사모하는 군주는 한 나라 사람들이 사모하게 되며, 한 나라 사람들이 사모하는 군주는 세상 사람이 사모하게 됩니다. 그러므로 거침없이 쏟아지는 소나기처럼, 덕의 교화가 세상에 넘치게 됩니다."

일곱 번째

7

孟子曰, "天下有道, 小德役大德, 小賢役大賢. 天下無道, 小役大, 弱役强. 斯二者天也. 順天者存, 逆天者亡. 齊景公曰, '旣不能令, 又不受命, 是絶物也.' 涕出而女於吳. 今也小國師大國而恥受命焉, 是猶弟子而恥受命於先師也. 如恥之, 莫若師文王. 師文王, 大國五年, 小國七年, 必爲政於天下矣. 詩云, '商之孫子, 其麗不億. 上帝旣命, 侯于周服. 侯服于周, 天命靡常. 殷士膚敏, 祼將于京.' 孔子曰, '仁不可爲衆也. 夫國君好仁, 天下無敵.' 今也欲無敵於天下而不以仁, 是猶執熱而不以濯也. 詩云, '誰能執熱, 逝不以濯?'"

맹자가 말하였다. "세상에 도道가 실현되면, 덕이 작은 사람은 덕이 큰 사람에게 부려지고, 조금 현명한 사람은 크게 현명한 사람에게 부려집니다. 그러나 세상에 도가 실현되지 않으면, 작은 것은 큰 것에게 부려지고, 약한 것은 강한 것에게 부려집니다. 이 두 가지는 천天의 이치인데, 천의 이치를 따르는 사람은 살고, 천의 이치를 거스르는 사람은 망합니다. 제齊나라 경공景公은 '기왕 명령을 내리지도 못하면서, 명령을 받지도 않는다면, 이것은 관계를 끊는 것이다.'라고 말하며, 눈물을 머금고 딸을 오吳나라에 시집보냈습니다. 지금은 약소국이 강대국을 스승처럼 섬기면서도, 명령받는 것은 부끄러워하니, 이것은 제자가 스승에게 명령받는 것을 수치스러워하는 것과 같습니다. 만일 강대국에게 명령받는 것을 수치스러워한다면 문왕文王을 본받는 것만 한 것이 없습니다. 문왕을 본받으면 큰 나라는 5년, 작은 나라는 7년이면 반드시 천하를 상대로 정치를 할 수 있을 것입니다. 『시경』에 '상商나라 자손子孫의 숫자가 억億은 아니지만, 이제 상제上帝가 명命을 내리자, 주나라에 복종하는구나! 주나라에 복종하는 것을 보니, 천명天命은 불변하는 영원한 것이 아니다. 아름답고 민첩한은殷의 사士들이 주나라 도성에서 술을 부어 제사를 돕네.'라고 하였습니다. 그리고 공자도 '인仁을 실천하는 사람은 아무리 많은 사람으로도 대적할 수 없다. 나라의 군주가 인仁을 좋아하면 천하에 대적할 사람이 없다.'라고 말하였습니다. 이제 세상에 자신이 대적할 사람이 없기를 바라면서 인仁의 정치를 시행하지는 않는데, 이것은 뜨거운 것을 손에 잡으면서, 찬물에 손을 담그지 않는 것과 같습니다. 『시경』에 '누가 뜨거운 물건을 쥐고 있다가, 가서 찬물에 손을 담그지 않겠는가?'라고 하였습니다."

역자 해설

인용된 『시경』의 시는 「대아大雅, 문왕지십文王之什」의 일부이다. '상나라 자손의 숫자가 억은 아니다'라는 말은 상나라 사람의 숫자가 억이라는 숫자나 크기에 한정되지 않고, 그보다 더 많다는 뜻으로 해석되거나, 비록 억 만큼 많은 숫자는 아니지만, 그 숫자에 버금갈 만큼 많다는 뜻으로 해석할 수 있다. 실제로 상나라 사람의 숫자가 현재 우리가 사용하는 억 단위가 될 수는 없다. 계산법에는 대소 두 가지 방식이 있는데, 소법은 10만을, 대법은 1만의 1만배를 억이라 한다. 따라서 여기서 억은 10만 전후의 숫자를 가리킨다고 이해할 수 있다. 불경 가운데 하나인 『증일아함경增一阿含經』 제26권의 「등견품等見品」에 기록되어 있는 고타마 싯다르타의 출신 부족인 석가족이 멸망할 때, 모두 9,990만 명이 학살당하며 그 피가 강물을 이루었다는 기록이 보이지만, 여기에 사용된 '만'이라는 단위 역시 현재의 숫자와 같은 것으로 이해하기는 어렵다.

여덟 번째

8

孟子曰, "不仁者可與言哉? 安其危而利其菑, 樂其所以亡者. 不仁而可與言, 則何亡國敗家之有? 有孺子歌曰, '滄浪之水清兮, 可以濯我纓. 滄浪之水濁兮, 可以濯我足.' 孔子曰, '小子聽之! 清斯濯纓, 濁斯濯足矣, 自取之也.' 夫人必自侮, 然後人侮之. 家必自毁, 而後人毁之. 國必自伐, 而後人伐之. 太甲曰, '天作孽, 猶可違. 自作孽, 不可活.' 此之謂也."

맹자가 말하였다. "불인不仁한 사람과 함께 이야기할 수 있겠습니까? 위태로움을 편안히 여기고, 재앙을 이롭게 여기며, 망하게 하는 것을 좋아합니다. 불인한데도 함께 이야기해 설득할 수 있다면, 그에게 닥쳐올 위태로움이나 재앙을 이야기해 줄 것인데, 어떻게 나라를 망하게 하고 집안을 무너뜨리는 일이 일어날 수 있겠습니까? 어린아이들이 '창랑滄浪의 물이 맑으면 내 갓끈을 씻을 수 있고, 창랑의 물이 흐리면 내 발을 씻을 수 있다네.'라고 노래하자, 공자는 '제자들아, 저 노래를 들어보라. 물이 맑으면 갓끈을 씻고, 물이 흐리면 발을 씻는다고 하였으니, 물 자신이 그렇게 만든 것이네.'라고 하였습니다. 사람은 반드시 스스로 모욕한 뒤에야 다른 사람이 그를 모욕하고, 집은 반드시 스스로 훼손한 뒤에야 다른 사람이 그 집을 무너뜨리며, 나라는 반드시 스스로 망친 뒤에야 다른 사람이 그 나라를 정벌합니다. 『서경』의 「태갑」에서는 '천天이 내린 재앙은 그래도 피할 수 있지만, 자신이 만든 재앙은 피할 수가 없다.'라고 하였는데, 바로 이것을 가리켜 말한 것입니다."

역자 해설

태갑太甲은 상商나라를 건국한 탕왕湯王의 태자였던 태정太丁의 아들이다. 『사기史記』「은본기殷本紀」에 따르면, 탕왕이 사망한 후, 태갑의 부친이자 태자였던 태정이 왕위를 계승해야 했지만, 그는 왕위를 계승하기 전에 사망하고 말았다. 이런 까닭에 태정의 동생인 외병外丙이 왕위를 계승하게 되었지만, 외병 역시 3년 만에 사망하고, 그 외병을 이어 그 동생인 중임中壬이 왕위를 이었지만, 그 역시 왕위에 오른 지 4년 만에 사망하였다. 이런 상황에서 탕왕을 도와 상나라를 세우는 데 큰 공을 세웠던 이윤伊尹이 태정의 아들인 태갑을 왕으로 옹립하였다.

이런 우여곡절 끝에 왕위에 오른 태갑에게 이윤은 「이훈伊訓」·「사명肆命」·「조후徂后」 등을 지어 교훈을 전하였다. 특히 「이훈」에서 이윤은 위정자爲政者가 피해야 할 '세 가지 바람(三風)'과 '열 가지 허물(十

德)'을 제시하였다. 하지만 왕위에 오른 태갑이 조부인 탕왕의 법도를 지키지 않고 덕을 어지럽히자, 이윤은 그를 동궁桐宮으로 내쫓고 3년 동안 자신이 정권을 잡으면서 제후들의 조회를 받았다. 『사기』「은본기」에는 태갑이 3년 동안 동궁에 유배되어 자신의 잘못을 뉘우치자, 이윤이 다시 태갑에게 정권을 돌려주었다고 기록되어 있다. 반면 태갑 원년에 이윤이 태갑을 동桐으로 내쫓고 스스로 왕위에 올랐지만, 3년 뒤 동을 빠져나온 태갑이 이윤을 죽였다는 다른 기록도 있다.

아홉 번째

9

孟子曰, "桀紂之失天下也, 失其民也. 失其民者, 失其心也. 得天下有道, 得其民, 斯得天下矣. 得其民有道, 得其心, 斯得民矣. 得其心有道, 所欲與之聚之, 所惡勿施爾也. 民之歸仁也, 猶水之就下, 獸之走壙也. 故爲淵敺魚者, 獺也. 爲叢敺爵者, 鸇也. 爲湯武敺民者, 桀與紂也. 今天下之君有好仁者, 則諸侯皆爲之敺矣. 雖欲無王, 不可得已. 今之欲王者, 猶七年之病求三年之艾也. 苟爲不畜, 終身不得. 苟不志於仁, 終身憂辱, 以陷於死亡. 詩云 '其何能淑, 載胥及溺', 此之謂也."

맹자가 말하였다. "걸桀과 주紂가 천하를 잃은 것은 백성을 잃은 것입니다. 백성을 잃은 것은 그 마음을 잃은 것입니다. 천하를 얻는 것에 방법이 있는데, 백성을 얻으면 천하를 얻게 됩니다. 백성을 얻는 것에 방법이 있는데, 그 마음을 얻으면 백성을 얻을 수 있습니다. 백성들의 마음을 얻는 것에 방법이 있는데, 원하는 것을 주어 모이게 하고, 싫어하는 것을 하지 않는 것입니다. 백성들이 인仁으로 돌아오는 것은 마치 물이 아래로 흘러가고, 짐승이 들판으로 달려가는 것과 같습니다. 그러므로 연못을 위해 고기를 몰아주는 것은 수달이고, 숲을 위해 참새를 몰아주는 것은 매이며, 탕湯과 무왕武王을 위해 백성을 몰아준 사람은 걸과 주입니다. 이제 세상의 군주 가운데 인仁을 좋아하는 사람이 있다면, 제후들이 모두 그를 위해 백성들을 몰아줄 것인데, 비록 왕이 되지 않으려고 해도 그렇게 될 수 없을 것입니다. 지금 왕이 되려는 사람은 마치 7년이나 된 병을 치료하기 위해 3년 묵은 약쑥을 구하는 것과 같습니다. 만약 저장해두지 않으면 종신토록 약쑥을 얻지 못할 것입니다. 마찬가지로 만약 인仁에 뜻을 두지 않으면, 평생 근심하고 모욕을 당하다가 죽거나 망하게 될 것입니다. 『시경』에 '어떻게 잘 될 수 있겠는가? 곧 모두 함께 빠져 죽을 뿐이다.'라고 하였는데, 이것을 가리켜 말한 것입니다."

역자 해설

걸桀과 주紂는 각각 하夏나라와 상商나라의 마지막 왕으로, 포악하고 사치한 행동 등 온갖 나쁜 행동을 한 폭군으로 묘사되면서, 포악한 왕의 상징이 되었다. 이들과 대비해 이상적인 왕으로 묘사되는 이들이 바로 요堯와 순舜이고, 또 탕湯과 무왕武王은 이들의 폭정을 정벌한 정의로운 왕으로 기록되어 있다. 흔히 인구人口에 회자하는 '주지육림酒池肉林', 곧 술로 만든 연못과 숲처럼 걸려 있는 고기 안주는 호화롭고 방탕한 이들의 폭정을 묘사한 『사기』의 표현이다.

열 번째

10

孟子曰, "自暴者, 不可與有言也. 自棄者, 不可與有爲也. 言非禮義, 謂之自暴也. 吾身不能居仁由義, 謂之自棄也. 仁, 人之安宅也, 義, 人之正路也. 曠安宅而弗居, 舍正路而不由, 哀哉!"

맹자가 말하였다. "스스로 자신을 해치는 사람은 함께 이야기할 수 있는 것이 없고, 스스로 자신을 버리는 사람은 함께 할 것이 없습니다. 예禮와 의義에 관해 비방하는 말을 하면 '자신을 해친다.' 라고 합니다. 나는 인仁에 머무르며 의義를 따를 수 없다고 하는 것은, '자신을 버린다.'라고 합니다. 인은 사람의 편안한 집이고, 의는 사람의 올바른 길입니다. 편안한 집을 비워두고 머무르지 않으며, 올바른 길을 버려두고 따라가지 않으니, 안타깝습니다."

역자 해설

스스로 자신을 해치고 버린다는 뜻의 고사성어인 '자포자기自暴自棄'가 이 구절에서 유래했다. 맹자에게 자포자기는 진정한 인간으로 성장하고 완성될 가능성을 포기하고 체념하는 것이다. 성장과 완성은 별다른 것이 아니라 자기실현이다. 인간의 선한 본심과 본성을 긍정하는 맹자에게 그 성장과 완성은 결국 그 본심과 본성의 실현을 뜻한다. 그것은 인의의 도덕성을 실천하는 것이기도 하다. 그런데 인仁이 나와 타인을 구분하지 않는 도덕정감이라면, 의는 이 도덕정감이 표현되어 나오는 길이자 통로이다. 인이 편안한 집이 되는 것은 그것이 본성이기 때문이다. 억지로 꾸미거나 가꾼 것이 아니라, 본래 모습이라 편안할 수 있다. 자신의 본성을 보지 못하고, 그것을 실현하지 못할 때, 자연히 올바른 길로 갈 수 없게 된다. 그런데 이처럼 자신의 본성을 보지 못하고, 그것을 실현하지 못하는 것은, 다른 사람이 아니라 스스로 자신을 해치고 체념해 버린 결과라고 맹자는 말하고 있다.

열한 번째 11

孟子曰, "道在爾而求諸遠, 事在易而求之難. 人人親其親長其長, 而天下平."

맹자가 말하였다. "도道는 가까운 곳에 있는데 먼 곳에서 찾으며,

해야 할 일은 쉬운 곳에 있는 데 어려운 곳에서 찾습니다. 사람마다 각기 자기 부모를 사랑하고, 어른을 어른으로 대한다면 온 세상이 평안하게 될 것입니다."

열두 번째

12

孟子曰, "居下位而不獲於上, 民不可得而治也. 獲於上有道, 不信於友, 弗獲於上矣. 信於友有道, 事親弗悅, 弗信於友矣. 悅親有道, 反身不誠, 不悅於親矣. 誠身有道, 不明乎善, 不誠其身矣. 是故誠者, 天之道也, 思誠者, 人之道也. 至誠而不動者, 未之有也. 不誠, 未有能動者也."

맹자가 말하였다. "낮은 자리에 있으면서 윗사람에게 신임을 얻지 못한다면, 백성은 잘 다스릴 수 없습니다. 윗사람에게 신임을 얻는 것에 방법이 있는데, 친구에게 믿음을 얻지 못하면, 윗사람의 신임을 얻지 못합니다. 친구에게 믿음을 얻는 것에 방법이 있는데, 부모를 모셔서 기쁘게 하지 못하면 친구에게 믿음을 얻지 못합니다. 부모를 기쁘게 하는 것에 방법이 있는데, 자신을 반성해 성실하지 못하면 부모를 기쁘게 하지 못합니다. 자신을 반성하여 진실하게 하는 것에 방법이 있는데, 선善에 밝지 않으면 자신을 진실하게 하지 못합니다. 그러므로 진실함(誠)은 천天의 도이고, 진실함을 생각하며 그것을 추구하는 것은 사람의 도입니다. 지극히 진실하면서 감동을 주지 못할 사람은 없습니다. 진실하지 않으면서 감동을 준 사람은 없습니다."

역자 해설

'진실함(誠)은 천天의 도이고, 진실함을 생각하며 그것을 추구하는 것은 사람의 도(誠者, 天之道也, 思誠者, 人之道也)'라는 말은 『중용』 20장과 유사하다. 『중용』에서는 '진실함(誠)은 천天의 도이고, 진실함을 추구하는 것은 사람의 도(誠者, 天之道也, 誠之者, 人之道也)'라고 말한다.

열세 번째

13

孟子曰, "伯夷辟紂, 居北海之濱, 聞文王作興, 曰, '盍歸乎來! 吾聞西伯善養老者.' 太公辟紂, 居東海之濱, 聞文王作興, 曰, '盍歸乎來! 吾聞西伯善養老者.' 二老者, 天下之大老也, 而歸之, 是天下之父歸之也. 天下之父歸之, 其子焉往? 諸侯有行文王之政者, 七年之內, 必爲政於天下矣."

맹자가 말하였다. "백이伯夷는 주紂를 피해 북쪽 바닷가에 살고 있었는데, 문왕文王이 세상을 평정하기 위해 일어났다는 소식을 듣고는 '내가 왜 그에게 돌아가지 않겠는가? 나는 서백西伯이 늙은이를 잘 부양한다고 들었다.'라고 말하였습니다. 강태공姜太公이 주를 피해 동쪽 바닷가에 살고 있었는데, 문왕이 세상을 평정하기 위해 일어났다는 소식을 듣고는 '내가 왜 그에게 돌아가지 않겠는가? 나는 서백이 늙은이를 잘 부양한다고 들었다.'라고 말하였습니다. 이 두 노인은 세상의 원로인데, 문왕에게 돌아갔으니, 이것은 세상 사람들의 아버지가 문왕에게 돌아간 것입니다. 세상 사람들의 아버지가 문왕에게 돌아갔는데, 그 아들이 어디로 가겠습니까? 제후 가운데 문왕의 정치를 실천하는 사람이 있다면, 7년 안에 반드시 천하를 다스리는 정치를 할 것입니다."

역자 해설

강태공姜太公의 이름은 강상姜尙으로, 여상呂尙이나, 태공망 등으로도 불린다. 주나라 문왕文王의 초빙을 받은 후, 무왕武王을 도와 상商나라를 멸망시킨 후, 그 공으로 주나라가 건국된 후에 제齊의 제후에 봉해져 그 시조가 되었다.

열네 번째

14

孟子曰, "求也爲季氏宰, 無能改於其德, 而賦粟倍他日.

孔子曰, '求非我徒也. 小子鳴鼓而攻之可也.' 由此觀之, 君不行仁政而富之, 皆棄於孔子者也. 況於爲之强戰, 爭地以戰, 殺人盈野. 爭城以戰, 殺人盈城. 此所謂率土地而食人肉, 罪不容於死. 故善戰者服上刑, 連諸侯者次之, 辟草萊任土地者次之."

맹자가 말하였다. "염구冉求가 노나라 계씨季氏의 관리가 되었는데, 계씨의 덕을 고치지는 못하고, 곡물 세금을 다른 때보다 배나 거두었습니다. 그러자 공자는 '염구는 나의 제자가 아니다. 제자들은 북을 울려서 그의 잘못을 성토聲討하는 것이 좋겠다.'라고 말씀하셨습니다. 이것에서 보자면 군주가 인정仁政을 실행하지 않는데도, 그 군주를 부유하게 하는 사람은 모두 공자에게 버림받을 사람입니다. 하물며 무리해 전쟁하면서, 땅을 빼앗으려 싸우다가 죽은 시신이 들에 가득하게 하고, 성城을 빼앗으려 싸우다가 죽은 사람이 성에 가득 차게 하는 일이야 더 말할 것이 있겠습니까? 이것은 토지를 앞세워 사람의 고기를 먹는 것이니, 그 죄는 죽어도 용서받지 못합니다. 그러므로 전쟁을 좋아하는 사람은 극형極刑에 처해야 하고, 제후들에게 연합해서 전쟁하라고 주장하는 사람은 그다음의 형벌을 받아야 하며, 황무지를 개간해 그 땅을 백성들에게 맡겨 세금을 거두는 사람은 그다음의 형벌을 받아야 합니다."

역자 해설

염구冉求는 염유冉有, 염자冉子로도 불린다. 공자의 제자이자 당시 노나라 정권을 농단하고 있던 계강자季康子의 가신이다. 『논어』「옹야」 편에는 염구에게 정치를 맡길 수 있는지를 계강자가 공자에게 묻는 장면이 실려 있다. 공자가 자신의 이상을 펼칠 곳을 찾아 13년 동안 제후국을 주유하지만, 결국 뜻을 이루지 못하고 있을 때, 공자가 노나라로 돌아올 수 있는 기반을 만든 제자가 바로 염구였다. 하지만 그도 백성들에게 토지세금을 더 거두었다는 점에서 공자의 비판을 피해갈 수는 없었다.

열다섯 번째

15

孟子曰, "存乎人者, 莫良於眸子, 眸子不能掩其惡. 胸中正, 則眸子瞭焉. 胸中不正, 則眸子眊焉. 聽其言也, 觀其眸子, 人焉廋哉?"

맹자가 말하였다. "사람에게 있는 것에 눈동자보다 더 선량한 것이 없는데, 눈동자는 그 악惡을 숨기지 못합니다. 마음이 바르면 눈동자가 밝게 빛나고, 마음이 바르지 못하면 눈동자가 흐립니다. 그 사람의 말을 듣고, 그 사람의 눈동자를 본다면, 사람이 어떻게 숨기겠습니까?"

열여섯 번째

16

孟子曰, "恭者不侮人, 儉者不奪人. 侮奪人之君, 惟恐不順焉, 惡得爲恭儉? 恭儉豈可以聲音笑貌爲哉?"

맹자가 말하였다. "공손한 사람은 다른 사람을 업신여기지 않고, 검소한 사람은 다른 사람의 것을 빼앗지 않습니다. 다른 사람을 업신여기고 다른 사람의 것을 빼앗는 군주는 오직 자신에게 순종하지 않을까 두려워하는데, 어떻게 공손하고 검소할 수 있겠습니까? 공손함과 검소함이 어떻게 말소리나 웃는 모습만으로 만들어질 수 있겠습니까?"

열일곱 번째

17

淳于髡曰, "男女授受不親, 禮與?"

孟子曰, "禮也."

曰, "嫂溺則援之以手乎?"

曰, "嫂溺不援, 是豺狼也. 男女授受不親, 禮也. 嫂溺援之以手者, 權也."

曰, "今天下溺矣, 夫子之不援, 何也?"

曰, "天下溺, 援之以道. 嫂溺, 援之以手. 子欲手援天下乎?"

순우곤淳于髡이 물었다. "남녀 사이에 물건을 직접 주고받지 않는 것이 예禮입니까?"

맹자가 대답하셨다. "예입니다."

순우곤이 다시 물었다. "형수兄嫂가 물에 빠지면 손으로 잡아야 합니까?"

맹자가 대답하셨다. "형수가 물에 빠졌는데 손으로 잡지 않는다면 이것은 승냥이고 이리입니다. 남녀 사이에 물건을 직접 주고받지 않는 것은 예입니다. 형수가 물에 빠졌을 때 손으로 잡는 것은 권도權道입니다."

순우곤이 물었다. "지금 세상이 물에 빠졌는데, 선생께서 잡아당겨 구하지 않는 것은 무엇 때문입니까?"

맹자가 대답하셨다. "세상이 물에 빠졌을 때는 도道로써 잡아야 하고, 형수가 물에 빠졌을 때는 손으로 잡아야 하는데, 선생은 손으로 세상을 잡으려 합니까?"

역자 해설

제나라의 변론가인 순우곤이 맹자가 강조하는 '예禮'를 가지고 맹자의 처신을 문제 삼고 있는 구절이다. 『예기』「내칙內則」편에는 남녀가 물건을 직접 주고받아서는 안 된다며 다음과 같이 말한다. “제사나 상례가 아니라면 그릇을 직접 서로 주고받지 않는다. 서로 주고받을 때는 여자는 광주리로 받아야 한다.(非祭非喪, 不相授器. 其相授, 則女受以篚.) 오늘날의 관점에서 보자면 당연히 문제가 있는 부분이지만, 아마도 당시에도 이 규정이 지나치다고 생각하는 사람이 있었던 모양이다. 순우곤의 질문에 그런 의미가 일부 함축된 것처럼 보이기 때문이다. 이와 같은 순우곤의 질문에 맹자는 권도權道로 대답한다.

권權은 막대 저울에서 사용하는 저울의 추를 가리킨다. 막대 저울의 저울추는 물건의 무게에 따라 저울의 막대 좌우를 이동한다. 가벼우면 무게를 재는 물건 쪽으로, 무거우면 물건과 반대 방향으로 움직이면서 막대 저울의 수평을 찾아간다. 이처럼 물건의 무게에 따라 그 저울추가 움직이듯, 처한 상황에 따라 각기 다른 모습으로 대응하는 것을 권도라고 말한다. 형수가 물에 빠져 손을 잡아 구하지 않으면 죽을 수밖에 없는 상황인데, 예의 규칙을 글자 그대로 지켜서는 안 된다는 것이다. 이처럼 물에 빠진 형수는 권도로 구할 수 있고, 또 구해야 하지만, 세상은 권도로 구할 수도 없고 또 구해서도 안 된다는 것을 맹자는 말하고 있다. 특히 순우곤이 제나라의 변론가라는 점에서 보자면, 정도가 아닌 변론이라는 권도로 세상을 구할 수 없다는 점을 우회적으로 비판하고 있다.

열여덟 번째

18

公孫丑曰, "君子之不教子, 何也?"

孟子曰, "勢不行也. 教者必以正, 以正不行, 繼之以怒. 繼之以怒, 則反夷矣. 夫子教我以正, 夫子未出於正也. 則是父子相夷也. 父子相夷, 則惡矣. 古者易子而教之, 父子之間不責善, 責善則離. 離則不祥莫大焉."

공손추가 말하였다. "군자가 직접 자식을 가르치지 않는 것은 무슨 까닭입니까?"

맹자가 말하였다. "힘으로 할 수 없기 때문이라네. 가르치는 사람은 반드시 바른 도리로 가르치는데, 그렇게 가르쳤는데도 바른 도리로 실천하지 않으면 화를 내고, 화를 내면 오히려 관계만 망치게 되네. 자식도 '아버지께서 나를 바른 도리로 가르치지만, 아버지 자신의 행실도 반드시 바른 도리에서 나오는 것은 아니다.'라고 말한다면, 이것은 아버지와 자식이 서로 관계를 해치는 것이네. 아버지와 자식 사이의 관계를 해치는 것은 나쁜 것이네. 그러므로 옛날에는 자식을 바꿔서 가르쳤고, 부자 사이에는 잘하라고 책망하지 않는데, 잘하라고 책망하면 서로 관계가 멀어지게 되네. 부자 사이에 관계가 멀어지는 것보다 더 나쁜 것은 없다네."

열아홉 번째

19

孟子曰, "事孰爲大? 事親爲大. 守孰爲大? 守身爲大. 不失其身而能事其親者, 吾聞之矣. 失其身而能事其親者, 吾未之聞也. 孰不爲事, 事親, 事之本也. 孰不爲守? 守身, 守之本也. 曾子養曾晳, 必有酒肉. 將徹, 必請所與. 問有餘, 必曰有. 曾晳死, 曾元養曾子, 必有酒肉. 將徹, 不請所與. 問有餘, 曰亡矣, 將以復進也. 此所謂養口體者也, 若曾子, 則可謂養志也. 事親若曾子者, 可也."

맹자가 말하였다. "누군가를 섬기는 일 가운데 무엇이 가장 중요할까요? 부모를 섬기는 것이 가장 중요한 일입니다. 무엇인가를 지키는 일 가운데 무엇이 가장 중요할까요? 몸을 지키는 것이 가장 중요한 일이다. 몸을 잃지 않고 부모를 잘 섬긴 사람을 나는 들은 적이 있지만, 몸을 잃고서 부모를 잘 섬긴 사람을 나는 들은 적이 없습니다. 누구인들 섬기는 일을 하지 않겠습니까만, 부모를 섬기는 것이 모든 섬김의 근본이고, 누구인들 지키는 일을 하지 않겠습니까만, 몸을 지키는 것이 모든 지킴의 근본입니다. 증자曾子께서 아버지 증석曾晳을 봉양할 때에 반드시 술과 고기를 올렸으며, 상을 물릴 때는 반드시 남은 음식을 누구에게 줄 것인지를 물으셨고, 남은 것이 있는지를 물으면 반드시 있다고 답하였습니다. 증석이 사망하자 증원曾元이 증자를 봉양하였는데, 밥상에 반드시 술과 고기를 올렸으나, 상을 물릴 때에 남은 음식을 누구에게 줄 것인지를 묻지 않았으며, 남은 것이 있는지를 물으면 반드시 없다고 대답하였는데, 이것은 뒤에 다시 차려 올리기 위함이었습니다. 이것은 그저 입과 몸을 봉양하는 것일 뿐이고, 증자처럼 한다면 부모의 뜻을 봉양한다고 말할 수 있습니다. 부모를 섬기는 일은 증자처럼 하는 것이 옳습니다."

스무 번째
20

孟子曰, "人不足與適也, 政不足間也.* 惟大人爲能格君心之非.** 君仁莫不仁, 君義莫不義, 君正莫不正. 一正君而國定矣."

* 여러 다른 해석이 이루어지는 구절이지만, 뒷 구절의 '대인만이 군주의 마음이 잘못된 것을 바로잡을 수 있다'는 내용에 대비해서 앞 구절을 해석하였다. '적適'은 책망하다는 뜻이고, '간間'은 헐뜯거나 비판하는 것을 가리킨다.

** 이 구절에서 '격格'은 바로 잡는다는 뜻으로 '정正'으로 해석된다. 훗날 왕수인은 『대학』의 8조목 가운데 하나인 '격물格物'의 '격'자에 대한 해석에서 '이르다', '다다르다'라는 뜻의 '지至'로 이해하는 주희와 달리, 이 구절에 근거해 '정', 곧 '바르게 하다', '바로잡는다'라는 뜻으로 해석하였다.

맹자가 말하였다. "평범한 사람은 다른 이에 대해 잘못을 함께 책망하기에 부족하고, 정치에 대해 잘못을 함께 비판하기에 부족합니다. 오직 대인大人만이 군주의 마음이 잘못된 것을 바로잡을 수 있습니다. 군주가 인을 실천하면 인을 실천하지 않을 사람이 없고, 군주가 의로우면 의롭지 않을 사람이 없으며, 군주가 바르면 바르지 않을 사람이 없는데, 한번 군주를 바르게 하면 나라는 안정됩니다."

스물한 번째

21

孟子曰, "有不虞之譽, 有求全之毁."

맹자가 말하였다. "뜻하지 않은 칭찬도 있고, 완전한 것을 추구하다가 받는 비난도 있습니다."

스물두 번째

22

孟子曰, "人之易其言也, 無責耳矣."

맹자가 말하였다. "사람이 그 말을 쉽게 하는 것은, 책임이 없어서일 뿐입니다."

역자 해설

짧은 구절이지만, 이것에 대해 다양한 해석이 있다. '말을 쉽게 하는 것은 실언에 대해 책망을 받지 않아서다.', '말을 쉽게 하는 소인배를 굳이 책망하려 않을 뿐이다.', '사람으로 말을 바꾸는 것은 무책임하기 때문이다.' 등등의 해석이 가능하다.

스물세번째

23

孟子曰, "人之患在好爲人師."

맹자가 말하였다. "사람의 병폐는 다른 사람의 스승이 되는 것을 좋아하는 것에 있습니다."

역자 해설

주희의 경우, 선생이 되는 것을 좋아하면 스스로 만족해 더 배우려 하지 않는 점에 주목한다. 하지만 다른 사람을 가르칠만한 자질이나 능력이 안 되는데도 나서서 사람을 가르치려는 모습을 병폐라고 이해할 수도 있을 것이다.

스물네 번째

24

樂正子從於子敖之齊. 樂正子見孟子, 孟子曰, "子亦來見我乎?"

曰, "先生何爲出此言也?"

曰, "子來幾日矣?"

曰, "昔者."

曰, "昔者則我出此言也, 不亦宜乎?"

曰, "舍館未定."

曰, "子聞之也, 舍館定, 然後求見長者乎?"

曰, "克有罪."

악정자樂正子가 자오子敖를 따라 제나라로 갔다. 악정자가 맹자를 찾아뵙자, 맹자가 말하였다. "자네도 나를 만나러 오는가?"

악정자가 말하였다. "선생님께서는 왜 그런 말씀을 하십니까?"

맹자가 말하였다. "자네가 제나라에 온 지 며칠 되었는가?"

악정자가 말하였다. "며칠 되었습니다."

맹자가 말하였다. "며칠 되었다면 내가 이런 말을 하는 것이 마땅하지 않은가?"

악정자가 말하였다. "머무를 숙소가 정해지지 않아 늦었습니다."

맹자가 말하였다. "자네는 숙소를 정한 뒤에야 어른을 찾아뵈어야 한다고 배웠는가?"

악정자가 말하였다. "제가 잘못했습니다."

역자 해설

자오子敖는 앞 「공손추장구公孫丑章句 하下 6」에 등장한 왕환王驩을 가리킨다. 자오는 그의 자字이다. 대부 왕환과 함께 등나라로 조문을 하러 갔던 유쾌하지 않은 경험을 가진 맹자였다. 그런데 그 왕환과 함께 제나라에 온 제자 악정자가 도착한 지 며칠이나 지난 뒤에서야 찾아오자 맹자의 말이 자연 퉁명스러웠다고 이해된다.

스물다섯 번째

25

孟子謂樂正子曰, "子之從於子敖來, 徒餔啜也. 我不意子學古之道, 而以餔啜也."

맹자가 악정자에게 말하였다. "자네가 자오子敖를 따라 제나라에 온 것은, 그저 먹고 마시는 것을 따른 것일 뿐이네. 나는 자네가 옛 성인의 도를 배워, 먹고 마시는 데 쓸 줄은 생각도 못 하였네."

스물여섯 번째

26

孟子曰, "不孝有三, 無後爲大. 舜不告而娶, 爲無後也. 君子以爲猶告也."

맹자가 말하였다. "불효不孝에는 세 가지 있는데, 그 가운데 후손이 없는 것이 가장 큰 불효입니다. 순舜이 부모에게 이야기하지 않고 장가든 것은 후손이 없었기 때문입니다. (부모에게 이야기하지 않았지만 후세의) 군자는 이야기한 것이나 마찬가지라고 생각하였습니다."

역자 해설

조기趙岐의 『맹자주孟子注』에 따르면, 세 가지 불효의 첫째는, 부모의 뜻에 아첨하고 무조건 따라 부모를 불의에 빠뜨리는 것(阿意曲從陷親不義)이다. 둘째는, 집이 가난하고 부모가 늙었는데도 녹봉을 받기 위해 벼슬을 하지 않는 것(家貧親老不爲祿仕)이고 셋째는, 결혼하지 않아 자식이 없어 선대 조상의 제사가 끊어지는 것(不娶無子絶先祖祀)을 가리킨다.

스물일곱 번째

27

孟子曰, "仁之實, 事親是也, 義之實, 從兄是也. 智之實, 知斯二者弗去是也. 禮之實, 節文斯二者是也. 樂之實, 樂斯二者, 樂則生矣. 生則惡可已也? 惡可已, 則不知足之蹈之手之舞之."

맹자가 말하였다. "인仁의 실제 내용은 부모를 섬기는 것이고, 의義의 실제 내용은 형을 따르는 것입니다. 지智의 실제 내용은 이 두 가지를 알고, 그것에서 벗어나지 않는 것입니다. 예禮의 실제 내용은 이 두 가지에 절차와 형식을 갖추는 것입니다. 악樂의 실제 내용은 이 두 가지를 즐거워하는 것으로, 즐거워하면 (하고 싶은 마음이) 생겨납니다. (하고 싶은 마음이) 생겨나면 어떻게 그만두겠습니까? 어떻게 그만두겠는가라고 하는 정도가 되면, 자신도 모르는 사이에 발은 움직여 춤추고 손은 덩실거립니다."

역자 해설

인의예지가 무엇인지, 무엇에서 실천을 시작하는지를 구체적으로 설명한다. 인의예지 각각에 대해 수많은 설명이 있고, 또 가능하겠지만, 일상의 삶 속에서 그것을 어떻게 실천할 수 있는지를 분명하게 제시해 보여주고 있다.

스물여덟 번째

28

孟子曰, "天下大悅而將歸己, 視天下悅而歸己, 猶草芥* 也, 惟舜爲然. 不得乎親, 不可以爲人, 不順乎親, 不可以爲子. 舜盡事親之道而瞽瞍厎豫, 瞽瞍厎豫而天下化, 瞽瞍厎豫而天下之爲父子者定, 此之謂大孝."

* 초개草芥는 지푸라기를 뜻하는데, 별것 아니고 하잘것없는, 하찮고 무가치한 것을 뜻한다.

맹자가 말하였다. "세상 사람들이 크게 기뻐하며 자기를 따르려 하는데, 그렇게 세상 사람들이 기뻐하며 자기를 따르려 하는 것을 대수롭지 않은 초개草芥처럼 생각한 사람으로, 오직 순이 그렇게 할 수 있었습니다. 부모를 기쁘게 하지 못하면 사람 노릇을 할 수 없고, 부모를 따르지 않으면 자식 노릇을 할 수 없습니다. 순이 부모 섬기는 도리를 온전히 실천하자 아버지 고수瞽瞍마저도 기뻐하였고, 고수가 기뻐하자 세상이 교화되었으며, 고수가 기뻐하자 세상의 아버지와 아들이 된 사람들이 안정되었습니다. 이것을 큰 효도라고 합니다."

08. 이루장구離婁章句 하下

첫 번째

1

孟子曰, "舜生於諸馮, 遷於負夏, 卒於鳴條, 東夷之人也. 文王生於岐周, 卒於畢郢, 西夷之人也. 地之相去也, 千有餘里. 世之相後也, 千有餘歲. 得志行乎中國, 若合符節. 先聖後聖, 其揆一也."

맹자가 말하였다. "순舜은 제풍諸馮에서 태어나 부하負夏로 이사했다가, 명조鳴條에서 돌아가셨는데, 동이東夷 사람입니다. 문왕文王은 기주岐周에서 태어나 필영畢郢에서 돌아가셨는데, 서이西夷 사람입니다. 그 활동 지역이 서로 천 리가 넘게 떨어져 있고, 세대世代가 서로 천여 년이나 차이가 있었습니다. 그런데도 뜻을 얻어 중국中國에 실행한 것은 마치 부절符節을 맞춘 것처럼 같았습니다. 앞의 성인聖人과 뒤의 성인은 그 도가 하나였습니다."

역자 해설

순의 출생지인 제풍諸馮과 함께 부하와 명조 등의 정확한 위치는 확정하기 어렵다. 여러 지역이 후보지로 꼽히기 때문이다. 분명한 것은 순의 경우 중국 동쪽의 산동성山東省과 산서성山西省을 중심으로 활동했다면, 문왕은 서쪽의 섬서성陝西省을 중심으로 활동하였다는 점이다. 태어나고 활동한 지역이 이렇듯 동서로 멀리 떨어져 있고, 또 시간적으로도 천 년 이상의 차이가 있어도 순과 문왕이 실천한 도리는 같은 것이었다는 점을 말하고 있다.

두 번째

2

子産聽鄭國之政, 以其乘輿濟人於溱洧.

孟子曰, "惠而不知爲政. 歲十一月徒杠成, 十二月輿梁成, 民未病涉也. 君子平其政, 行辟人可也, 焉得人人而濟之? 故爲政者, 每人而悅之, 日亦不足矣."

자산子産이 정나라의 정치를 맡고 있을 때, 자기가 타는 수레로 진수溱水와 유수洧水에서 사람들을 건네주었다.

맹자가 이것에 대해 말하였다. "은혜를 베풀기는 했지만, 어떻게 정치를 해야 하는지는 몰랐습니다. 11월에 사람이 걸어서 건널 수 있는 다리를 놓고, 12월에 수레가 건널 수 있는 다리를 완성한다면, 백성들이 물 건너가는 것을 근심하지 않을 것입니다. 군자가 정치를 공평하게 한다면, 행차할 때에 사람들을 막아도 괜찮은데, 어떻게 각각의 사람을 모두 건네줄 수 있겠습니까? 그러므로 정치하는 사람이 각각의 사람을 모두 기쁘게 하려면, 날마다 수레로 강을 건너게 해 주는 일만 해도 모자랄 것입니다."

역자 해설

자산子産은 정鄭나라의 재상을 지냈던 공손교公孫僑를 가리키며, 자산은 그의 자字이다. 공자는 그를 '은혜를 베푸는 사람(惠人也)'이라고 평가했지만, 맹자의 평가는 상대적으로 가혹하다. 비록 은혜를 베푸는 사람이지만, 온 나라 백성을 대상으로 정치를 하는 사람이라면 자신의 수레로 사람들을 건네주는 방식이 아니라, 더욱 근원적인 고민을 해야 한다는 점을 지적하고 있다.

세 번째

3

孟子告齊宣王曰, "君之視臣如手足, 則臣視君如腹心. 君之視臣如犬馬, 則臣視君如國人. 君之視臣如土芥, 則臣視君如寇讎."

王曰, "禮, 爲舊君有服, 何如斯可爲服矣?"

曰, "諫行言聽, 膏澤下於民. 有故而去, 則君使人導之出疆, 又先於其所往. 去三年不反, 然後收其田里. 此之謂三有禮焉. 如此, 則爲之服矣. 今也爲臣. 諫則不行, 言則不聽. 膏澤不下於民. 有故而去, 則君搏執之, 又極之於其所往. 去之日, 遂收其田里. 此之謂寇讎. 寇讎何服之有?"

맹자가 제齊나라 선왕宣王에게 말하였다. "군주가 신하를 자기의 손발처럼 생각하면, 신하는 군주를 자신의 배나 심장처럼 생각합니다. 군주가 신하를 개나 말처럼 생각하면, 신하는 군주를 보통의 필부匹夫처럼 생각합니다. 군주가 신하를 흙이나 지푸라기처럼 생각하면, 신하는 군주를 원수처럼 생각합니다."

선왕이 말하였다. "예법에 예전 섬기던 군주를 위해 상복喪服을 입는다고 하였는데, 어떻게 해야 상복을 입을 수 있습니까?"

맹자가 말하였다. "간언하면 실행하고 말하면 받아들여져, 혜택이 백성에게 내려갑니다. 사정이 있어 떠나면, 군주가 사람에게 그를 인도하여 국경을 넘어가게 하고, 또 그가 가는 곳에 먼저 그를 추천합니다. 떠난 후 3년이 지나도 돌아오지 않으면, 그제서야 그에게 주었던 토지와 거처를 환수합니다. 이것을 가리켜 세 차례 예를 갖추었다고 합니다. 이렇게 하면 신하는 예전에 섬기던 군주를 위해 상복을 입습니다. 지금은 신하가 되어 간언하면 실행하지 않고, 말하면 들어주지 않아서, 혜택은 백성에게 내려가지 않습니다. 사정이 있어 떠나면, 군주가 그를 붙잡아 들이거나, 또 그가 가는 곳에서는 곤란하게 만들며, 떠나는 날 곧바로 그의 토지와 거처를 환수해 버립니다. 이렇게 하는 것을 원수라 부르는데, 원수를 위해 무슨 상복을 입는 일이 있겠습니까?"

네 번째

4

孟子曰, "無罪而殺士, 則大夫可以去. 無罪而戮民, 則士可以徙."

맹자가 말하였다. "죄가 없는데도 사士를 죽이면, 대부大夫가 그 나라를 떠날 수 있습니다. 죄가 없는데도 백성을 죽이면 사士가 그 나라를 옮겨갈 수 있습니다."

다섯 번째

5

孟子曰, "君仁莫不仁, 君義莫不義."

맹자가 말하였다. "군주가 인仁을 실천하면 인을 실천하지 않을 사람이 없게 되고, 군주가 의義로우면 의롭게 되지 않을 사람이 없습니다."

여섯 번째

6

孟子曰, "非禮之禮, 非義之義, 大人弗爲."

맹자가 말하였다. "예禮의 정신을 상실한 형식적인 예와 의義가 아닌 가장된 의를 대인大人은 행하지 않습니다."

일곱 번째

7

孟子曰, "中也養不中, 才也養不才, 故人樂有賢父兄也. 如中也棄不中, 才也棄不才, 則賢不肖之相去, 其閒不能以寸."

맹자가 말하였다. "과녁의 중앙을 맞춘 사람이 과녁의 중앙을 맞추지 못하는 사람을 길러주고, 재주 있는 사람이 재주 없는 사람을 길러주기 때문에, 사람들이 현명한 부모와 형兄이 있는 것을 좋아합니다. 만약 과녁의 중앙을 맞춘 사람이 과녁의 중앙을 맞추지 못하는 사람을 길러주지 않고 버리며, 재주 있는 사람이 재주 없는 사람을 길러주지 않고 버린다면, 현명한 사람과 그렇지 못한 사람이 서로 떨어진 그 간격은 촌寸으로 잴 수 없을 만큼 커지게 될 것입니다."

역자 해설

마지막 구절, '즉현불초지상거則賢不肖之相去, 기한불능이촌其閒不能以寸'의 해석이 문제다. 글자대로 풀이하면, '현명한 사람과 그렇지 못한 사람이 서로 떨어진 그 간격은 한 치도 될 수 없다.', 즉 잘나고 못난 차이가 별로 없게 된다는 뜻으로 해석된다. 맹자 당시 아직 도량형이 통일되지 않았으므로, 제후국마다 그 길이가 조금씩 달랐지만, 대체로 1척은 23cm정도였다. 따라서 1촌寸은 2.3cm정도이다.(현재 1척은 30.3cm로 1촌은 3.03cm이다.) 그런데 앞의 구절인 '과녁의 중앙을 맞춘 사람이 과녁의 중앙을 맞추지 못하는 사람을 길러주지 않고 버리며, 재주 있는 사람이 재주 없는 사람을 길러주지 않고 버린다면, 현명한 사람과 그렇지 못한 사람이 서로 떨어진 그 간격', 다시 말해서 잘난 사람과 못난 사람의 간격이 촌으로 잴 수 없을 만큼 거의 좁혀지게 될까? 아니면 반대로 촌으로 잴 수 없을 만큼 넓어지게 될까? 대부분의 번역은 전자를 따르지만, 의미상 후자가 더욱 적절하다고 판단된다. 현명한 사람이 현명하지 않은 사람을 깨우쳐 주지 않는다면 양자의 차이가 좁혀지지 않고, 더욱 커진다는 이해가 상식적이다.

여덟 번째

8

孟子曰, "人有不爲也, 而後可以有爲."

맹자가 말하였다. "사람은 하지 않는 것이 있고 난 뒤에, 할 수 있는 것이 있게 됩니다."

역자 해설

사람이 해서는 안 되는 혹은 하지 않아야 하는 행위에는 어떤 것이 있는지, 그 외연이 정해지고 일정한 제한이 주어질 때, 비로소 적극적으로 무엇을 할 수 있는지, 또는 무엇을 해야 하는지가 분명해지고 구체적으로 드러나게 된다는 의미로 이해된다. 맹자에게 있어서 '해서 안 되는' 혹은 '하지 말아야 하는 행위'란 결국 '불인不仁', '불의不義'한 것이다.

아홉 번째

9

孟子曰, "言人之不善, 當如後患何?"

맹자가 말하였다. "다른 사람의 좋지 않은 것, 잘못만 말하다가,

후환後患을 어떻게 감당할 것인가?"

열 번째

10

孟子曰, "仲尼不爲已甚者."

맹자가 말하였다. "공자는 지나치게 극단적인 행동을 하지 않으셨습니다."

역자 해설

'중니仲尼'는 공자의 자字이다. 둘째 아들이기 때문에 '중仲'을, 그의 모친 안징재顔徵在가 올라 기도한 곳, 니구산尼丘山의 이름에서 한 글자를 따왔다. 전체 의미는 남에게 보여주기 위한 과장된 행위나, 흔히 천재들이 보여주는 사람을 놀라게 하는 일상적이지 않은 행위가 아닌, 상식적으로 용인될 수 있는 행위를 했다는 의미로 이해된다.

열한 번째

11

孟子曰, "大人者, 言不必信, 行不必果, 惟義所在."

맹자가 말하였다. "대인大人이란, 말에 반드시 신용이 있어야 하는 것도 아니고, 행동에 반드시 목표했던 결과가 있어야 하는 것도 아니며, 오직 의義에 따라 말하고 행동합니다."

역자 해설

흔히 인격을 갖춘 사람은 반드시 한번 말한 것을 바꾸지 않는 믿음을 줘야 하고, 행동하면 반드시 목표했던 것을 성취해야 한다고 생각하지만, 맹자의 생각은 달랐다. 말하고 행동하는 것이 의義를 벗어나지 않으면 될 뿐이라고 말하는 것이다. 말을 바꿀 수도 있고, 목표했던 결과를 얻지 못하고 중도에 포기하거나 실패할 수도 있지만, 그 모든 행위가 의에 기초해 이루어져야 한다는 것을 말하고 있다. 이 구절은 『논어』「자로」 편에서 선비의 조건에 관해 묻는 자공의 질문에 공자가 답한 내용과 연결해 이해할 때 더욱 분명한 의미가 드러난다. 여기에서 공자는 "한 번 뱉어낸 말은 반드시 지키고, 행동하면 반드시 목표에 달성하는 사람은 고지식한 소인이지만 그래도 그 다음은 된다(言必信, 行必果, 硜硜然小人哉, 抑亦可以為次矣.)"라고 말한다. 말에 얽매이고, 행동에 얽매이는 사람은 소인이고, 의에 기초하고 그것에 토대를 둔 사람은 대인이라는 맹자와 유사한 공자의 생각을 읽을 수 있다.

열두 번째

12

孟子曰, "大人者, 不失其赤子之心者也."

맹자가 말하였다. "대인이란 그 어린아이의 마음을 잃지 않은 사람입니다."

역자 해설

'적자赤子'는 '핏덩이로 태어난 아기'를 가리킨다. 맹자는 인간의 본성이 선하다고 주장한다. 그런데 그는 본성이 선하다는 것을 직접 논증하지 않고, 대부분은 본심이 선하다는 사실을 통해 본성이 선하다는 점을 논증한다. 심과 성이 하나의 토대를 가진다는 생각을 읽을 수 있는 부분이다. 아기나 어린아이의 마음이란 성선을 주장하는 맹자에게 있어서 오염되지 않은 상태를 가리킨다. 이해득실을 따지지 않는, 그래서 순수하게 선한 본성을 드러내 보여주는 마음이 바로 어린아이의 마음이다.

열세 번째

13

孟子曰, "養生者不足以當大事, 惟送死可以當大事."

맹자가 말하였다. "살아계신 부모를 봉양하는 것은, 큰일이라 부르기에 부족하고, 오직 돌아가신 부모를 장례 지내는 것이야말로 큰일이라 할 수 있습니다."

역자 해설

이 구절은 흔히 유가나 맹자의 상례에 대한 과도한 집착을 보여준다고 이해되고 해석된다. 그래서 특히 뒷 구절은 부모의 장례를 최대한 성의 있게 치러야 한다는 뜻으로 해석되었다. 하지만 살아계신 부모를 모시는 일은 사람의 정리에서 보자면 자연스러운 일인 반면, 슬픔 속에서 돌아가신 부모를 장례 지내는 일은 자연스럽지 않은 일이다. 이 점에서 부모의 장례는 더욱 신경 쓰며 진행해야 할 일이고, 또 큰일이라고 말할 수도 있을 것이다.

열네 번째

14

孟子曰, "君子深造之以道, 欲其自得之也. 自得之, 則居之安, 居之安, 則資之深, 資之深, 則取之左右逢其原. 故君子欲其自得之也."

맹자가 말하였다. "군자가 올바른 방법으로 깊이 나아가는 것은 스스로 체득하고 싶어서입니다. 스스로 체득하면 거처하는 삶이 편안해지고, 거처하는 삶이 편안해지면 삶의 토대가 깊어지며, 삶의 토대가 깊어지면 좌우의 가까운 것에서도 깊은 근원을 만나게 됩니다. 그래서 군자는 스스로 체득하려고 합니다."

열다섯 번째 15

孟子曰, "博學而詳說之, 將以反說約也."

맹자가 말하였다. "넓게 배우고 상세하게 설명하는 것은 그것으로 돌이켜 핵심요지를 말하려는 것입니다."

열여섯 번째 16

孟子曰, "以善服人者, 未有能服人者也. 以善養人, 然後能服天下. 天下不心服而王者, 未之有也."

맹자가 말하였다. "선善으로 다른 사람을 굴복시키려 한 사람 가운데 다른 사람을 굴복시킨 사람은 없었습니다. 선으로 다른 사람을 기른 뒤에야 천하를 복종시킬 수 있습니다. 세상 사람이 마음으로 복종하지 않는데도 왕이 된 사람은 있은 적이 없습니다."

역자 해설

내가 옳다고 생각하는 것, 내가 옳다고 믿는 것을 내세우며, 다른 사람도 그 생각이나 믿음을 받아들일 것을 강요하는 것은 동서고금을 막론하고 일상에서 확인할 수 있는 모습이다. 하지만 그렇게 해서 다른 사람을 굴복시키거나 설득할 수는 없다는 것이 맹자의 생각이다. 나의 선으로 다른 사람을 굴복시키거나 설득하는 것이 아니라, 먼저 다른 사람을 선으로 기른다면, 다시 말해서 맹자가 주장하는 선한 본성을 실현하며 살아가도록 한다면, 사람들은 자연스럽게 따르게 된다는 것을 말하고 있다.

열일곱 번째

17

孟子曰, "言無實, 不祥. 不祥之實, 蔽賢者當之."

맹자가 말하였다. "말에 실제 내용이 없으면 좋지 않습니다. 그 좋지 않은 실질은 현명한 사람을 가려서 막는 것입니다."

역자 해설

이 구절에 대해 다양한 해석이 있다. '말에는 실제로 상서롭지 못한 것은 없다', '불길한 미래를 예언하는 말은 있을 수 없다' 등등이 여기에 해당한다. 여기에서는 그럴듯하게 들리지만, 곰곰이 되짚어 보면 실상은 아무런 의미도 없거나, 쓸데없는 말이 가진 폐해를 이야기한 것으로 해석한다. 쓸데없는 말, 아무런 의미도 없는 말이 좋지 않은 것은 그것이 현명한 사람의 말, 꼭 필요하고 중요한 말까지 덮어버리고 이해를 막아버리기 때문이다.

열여덟 번째 18

徐子曰, "仲尼亟稱於水, 曰, '水哉, 水哉!' 何取於水也?"

孟子曰, "原泉混混, 不舍晝夜, 盈科而後進, 放乎四海. 有本者如是, 是之取爾. 苟爲無本, 七八月之閒雨集, 溝澮皆盈. 其涸也, 可立而待也. 故聲聞過情, 君子恥之."

서자徐子가 말하였다. "중니仲尼께서 자주 강물에 대해 말씀하시며, '강물이여, 강물이여!' 하셨는데, 강물에서 무엇을 취한 것입니까?"

맹자가 말하였다. "근원이 있는 샘물은 샘솟아 밤낮을 쉬지 않고 흐르는데, 구덩이를 만나면 그 구덩이를 채운 뒤에 앞으로 나아가, 마침내 사해四海에 도착한다네. 근원이 있는 것은 이와 같은데, 이 점을 취한 것이라네. 만일 근원이 없다면 7, 8월 사이에 빗물이 모여 도랑이 모두 가득 차지만, 그것이 말라버리는 것은 서서도 기다릴 수 있네. 그러므로 명성이 실제보다 지나친 것을 군자는 부끄러워하는 것이네."

역자 해설

공자의 일생 행적을 그림으로 표현하고 있는 『공자성적도孔子聖蹟圖』에는 「흘러가는 강물을 바라보다(在川觀水)」라는 제목의 그림이 있다. 이 그림은 공자가 강가에 서서 흘러가는 강물을 바라보고 있을 때, 자공이 공자에게 군자가 강을 만나면 반드시 그 흘러가는 것을 지켜보는데, 그것은 무슨 까닭인지를 묻는 장면이다. 이 자공의 물음에 대해 공자는 '강물이 흘러가는 가는 것은 끊임이 없는데, 이것은 도道가 전승되고 세상에 전파되는 것이 잠시도 멈추지 않는 것과 같다. 물의 흐름에는 이와 같은 깊은 의미를 담고 있으니, 군자는 흐르는 강물을 만나면 반드시 그것을 바라보게 된다.'라고 답을 한다. 이 이야기는 『공자가어孔子家語』 「삼서三恕」 편에 수록되어 있고, 『논어』 「자한子罕」 16장에서 공자가 말한 "가는 것이 이와 같구나, 밤낮으로 쉬지 않네(逝者如斯夫, 不舍晝夜)"라는 구절과도 연결해 맹자의 이 말을 이해할 수 있을 것이다.

열아홉 번째

19

孟子曰, "人之所以異於禽獸者幾希, 庶民去之, 君子存之. 舜明於庶物, 察於人倫, 由仁義行, 非行仁義也."

맹자가 말하였다. "사람이 금수禽獸와 다른 것은 아주 적은데, 보통사람인 서민庶民은 그것을 버려 버리고, 군자는 그것을 보존하고 있습니다. 순舜은 여러 사물의 이치에 밝았고, 인륜人倫을 살펴 잘 알았으며, (내재하는) 인의仁義를 따라 행한 것이지, (외재하는) 인의를 행한 것이 아닙니다."

역자 해설

이 구절은 맹자의 인간 이해 혹은 인성 이해와 깊이 관련되어 있다. 맹자는 사람과 금수를 구별시켜주는 '작은 차이', 즉 보통의 사람들이 버려 버린 '그것', 그러나 군자가 보존하는 '그것', 즉 '인의仁義'로부터 인간을 이해하고 있다. 동시에 우리는 이곳에서 인간과 동물의 차이로부터 인간의 도덕적 가능성을 찾아가는 맹자와 순자의 차이를 발견하게 된다. 인간과 동물의 차이에 대한 순자의 이해는 생물학이나 생리학에서 인간과 다른 생물들을 구분할 때 사용하는 분류적 의미로부터 시작되지만, 맹자의 인간 이해는 이와는 다른 태도이다. 생물학이나 생리학에서 확인되는 인간과 동물의 차이는 종種과 종의 관계에서 드러나는 종의 차이이다. 이와 같은 종의 차이는 생물, 혹은 생리적인 기능을 분류할 때 드러나는 사실적이고 경험적인 차이에 해당한다. 이와 같은 인간 이해에서는 인성과 도덕성의 필연적 연관성을 찾을 수 없다. 맹자의 인간 이해는 전적으로 인간에 내재해 있는 인의에 기초해 있다. 맹자는 도덕을 통해 인간을 이해하고, 인간을 도덕적 존재로 규정한다.

스무 번째

20

孟子曰, "禹惡旨酒而好善言. 湯執中, 立賢無方. 文王視民如傷, 望道而未之見. 武王不泄邇, 不忘遠. 周公思兼三王, 以施四事. 其有不合者, 仰而思之, 夜以繼日. 幸而得之, 坐以待旦."

맹자가 말하였다. "우禹는 맛있는 술을 싫어하고, 선善한 말을 좋아하였습니다. 탕湯은 중도를 지키며, 현명한 사람을 등용하는데 그 출신을 가리지 않았습니다. 문왕文王은 백성 보기를 마치 다친 사람 보듯이 하였으며, 도道를 바라기를 아직 본 적이 없는 사람처럼 간절히 구하였습니다. 무왕武王은 가까이 있는 사람이라고 함부로 대하지 않았으며, 멀리 있는 사람이라고 잊어버리지 않았습니다. 주공周公은 이 세 왕王의 덕을 아우르고, 그들이 했던 네 가지 일을 시행하려고 생각하였습니다. 혹 부합되지 않는 것이 있으면 머리를 들어 생각하며 밤을 새웠습니다. 다행히 해결 방법을 얻게 되면 빨리 실행하기 위해 그대로 앉아서 날이 밝기를 기다렸습니다."

스물한 번째 21

孟子曰, "王者之跡熄, 而詩亡, 詩亡然後春秋作. 晉之乘, 楚之檮杌, 魯之春秋, 一也. 其事則齊桓 · 晉文, 其文則史. 孔子曰, '其義則丘竊取之矣.'"

맹자가 말하였다. "옛 위대한 왕들의 자취가 사라지자 시詩 또한 없어졌고, 시가 없어진 뒤에 『춘추春秋』가 지어졌습니다. 진晉나라의 『승乘』과 초楚나라의 『도올檮杌』, 노魯나라의 『춘추』는 하나같이 역사를 기록한 책입니다. 그 책에서 기록한 일은 제齊나라 환공桓公과 진晉나라 문공文公에 관한 것이고, 그 글은 역사입니다. 공자는 '그 의義는 내가 외람되이 취한 것이다.'라고 말하였습니다."

역자 해설

'왕들의 자취가 사라지자 시詩 또한 없어졌다'는 말에 대한 이해는 다양하게 제시되고 있지만, 여기에서 시는 왕을 칭송하는 시를 가리키는 것으로 해석한다. 위대한 왕들의 기억이 옅어지면서, 그 왕을 찬양하는 시도 이제 다시 등장하지 않게 되는 상황을 말한다. 또한 역사는 본래 군주에 의해 정리되는데, 군주가 아니면서 역사서인 『춘추春秋』를 편찬한 공자는 자신의 행위를 외람된 것이라고 표현하였다.

스물두 번째

22

孟子曰, "君子之澤五世而斬, 小人之澤五世而斬. 予未得爲孔子徒也, 予私淑諸人也.*"

* '사숙私淑'에서 '사'는 '혼자서' 혹은 '개인적으로'의 의미이고, '숙'은 '사모하다', '좋아하다'라는 뜻이다. 전체적으로 개인적으로 사모하며 가르침을 계승해 따르는 것을 뜻한다.

맹자가 말하였다. "군자의 은택도 5대代가 지나면 끊어지고, 소인의 영향도 5대가 지나면 사라집니다. 나는 공자의 제자가 되지 못했지만, 여러 사람에게서 그를 사숙私淑하였습니다."

스물세 번째

23

孟子曰, "可以取, 可以無取, 取, 傷廉. 可以與, 可以無與, 與, 傷惠. 可以死, 可以無死, 死, 傷勇."

맹자가 말하였다. "받아도 되고, 받지 않아도 되는데, 받는다면 청렴함을 해치게 됩니다. 줘도 되고, 주지 않아도 되는데, 준다면 은혜를 해치게 됩니다. 죽어도 되고, 죽지 않아도 되는데, 죽는다면 용기를 해치게 됩니다."

스물네 번째

24

逄蒙學射於羿, 盡羿之道, 思天下惟羿爲愈己, 於是殺羿. 孟子曰, "是亦羿有罪焉."

公明儀曰, "宜若無罪焉."

曰, "薄乎云爾, 惡得無罪? 鄭人使子濯孺子侵衛, 衛使庾公之斯追之. 子濯孺子曰, '今日我疾作, 不可以執弓, 吾死矣夫!' 問其僕曰, '追我者誰也?' 其僕曰, '庾公之斯也.' 曰, '吾生矣.' 其僕曰, '庾公之斯, 衛之善射者也, 夫子曰吾生, 何謂也?' 曰, '庾公之斯學射於尹公之他, 尹公之他學射於我. 夫尹公之他, 端人也, 其取友必端矣.' 庾公之斯至, 曰, '夫子何爲不執弓?' 曰, '今日我疾作, 不可以執弓.' 曰, '小人學射於尹公之他, 尹公之他學射於夫子. 我不忍以夫子之道反害夫子. 雖然, 今日之事, 君事也, 我不敢廢.' 抽矢扣輪, 去其金, 發乘矢而後反."

방몽逄蒙이 예羿에게서 활쏘기를 배웠는데, 예의 활 쏘는 방법을 모두 익히자, 세상에 오직 예만이 자기보다 활쏘기 실력이 좋다고 생각하여 예를 죽였다. 맹자가 말하였다. "이것은 예에게도 잘못이 있습니다."

공명의公明儀가 말하였다. "잘못한 것이 없는 것 같습니다."

맹자가 말하였다. "잘못한 것이 적다고 할 수는 있겠지만, 어떻게 잘못이 없겠습니까? 정鄭나라 사람이 자탁유자子濯孺子에게 위衛나라를 침략하도록 하였는데, 위나라에서는 유공庾公 사斯에게 그를 추격하게 하였습니다. 자탁유자가 '오늘 나는 병이 나서 활을 잡을 수 없으니, 나는 죽었구나!'라고 말하며, 마부에게 '나를 추격해오는 사람이 누구인가?'라고 물었습니다, 그 마부가 '유공 사입니다.'라고 대답하자, 자탁유자는 '나는 살았다.'라고 말하였습니다. 그 마부가 '유공 사는 위나라의 명사수인데, 선생께서 살았다고 하시니 무슨 말씀이십니까?'라고 말하자, 그는 '유공 사는 활쏘기를 윤공尹公 타他에게 배웠고, 윤공 타는 활쏘기를 나에게 배웠다. 그런데 윤공 타는 바른 사람이니, 그가 사귄 벗도 반드시 바를 것이다.'라고 답하였습니다. 유공 사가 도착하여 '선생은 왜 활을 잡지 않습니까?'라고 묻자, 자탁유자는 '오늘 나는 병이 나서 활을 잡을 수가 없다네.'라고 대답하였습니다. 그러자 유공 사는 '소인은 활쏘기를 윤공 타에게 배웠고, 윤공 타는 활쏘기를 선생에게 배웠습니다. 저는 차마 선생의 기술로 선생을 죽일 수 없습니다. 그러나 오늘의 일은 나라의 일이니, 제가 감히 그냥 돌아갈 수는 없습니다.'라고 말하고는, 화살을 뽑아 수레바퀴에 두들겨 쇠 화살촉을 제거한 후, 네 대의 화살을 쏜 뒤에 돌아갔습니다."

역자 해설

『회남자淮南子』의 기록에 따르면, 예羿는 요堯의 신하로 10개의 태양이 한꺼번에 떠올라 가뭄이 들고 사람들이 고통스러워하자, 10개의 해 가운데 9개를 쏘아 떨어뜨린 전설 속의 인물이다. 여기에서 거론되는 자탁유자의 일은, 등장인물 등에서 약간의 차이를 보여주지만, BC 559년에 위衛나라 헌공獻公이 제齊나라로 망명하는 과정과 관계되었다고 판단된다. 『춘추좌전』 양공襄公 14년의 기사에 따르면, 위나라 헌공이 대부 손림보孫林父에게 권력을 빼앗기고 제나라로 망명해 가자, 윤공尹公 타佗와 유공庾公 차差가 헌공을 붙잡기 위해 그 뒤를 추격하게 되었다. 이 망명길에서 헌공의 마차를 몰았던 사람이 공손정公孫丁이었고, 그는 유공 차에게 활쏘기를 가르친 사람 사람이었다. 그리고 윤공 타는 유공 차에게서 활쏘기를 배운 사람이었다. 이런 관계 속에서 유공 차는 스승에게 활을 쏘지 못하고 마차 차축에 화살을 쏘고 돌아간 반면, 윤공 타는 공손정에게 직접 배우지 않았다고 생각해 활을 쏘았다. 등장하는 인물과 그 이름이 일치하지 않지만, 비슷한 상황으로 이해된다.

스물다섯 번째

25

孟子曰, "西子蒙不潔, 則人皆掩鼻而過之. 雖有惡人, 齊戒沐浴, 則可以祀上帝."

맹자가 말하였다. "서시西施 같은 미인도 더러운 것을 뒤집어쓰고 있으면 사람들이 모두 코를 막고 지나갑니다. 비록 추악한 사람이라도 행동을 삼가며 깨끗이 목욕하면 상제上帝에게 제사 지낼 수 있습니다."

역자 해설

타고난 자질이나 재능도 중요하지만, 그보다 더욱 중요한 것이 후천적인 노력이나 공부, 수양이라는 점을 말하고 있다.

26

孟子曰, "天下之言性也, 則故而已矣. 故者以利爲本. 所惡於智者, 爲其鑿也. 如智者若禹之行水也, 則無惡於智矣. 禹之行水也, 行其所無事也. 如智者亦行其所無事, 則智亦大矣. 天之高也, 星辰之遠也, 苟求其故, 千歲之日至, 可坐而致也."

맹자가 말하였다. "세상에서 말하는 본성本性은 저절로 그렇게 되는 원인일 뿐입니다. 저절로 그렇게 되는 원인은 순리를 근본으로 합니다. 괜히 지혜를 뽐내는 사람을 싫어하는 까닭은 천착穿鑿하기 때문입니다. 만일 지혜로운 사람이 우禹가 물을 흐르게 한 것처럼 한다면, 지혜로움을 미워하는 일은 없을 것입니다. 우가 물을 흐르게 한 것은, 아무 탈이 없는 곳으로 흐르게 한 것이니, 만일 지혜로운 사람이 아무 탈이 없는 것을 행한다면, 그 지혜도 위대합니다. 비록 하늘은 높고, 별은 멀리 있지만, 진정 저절로 그렇게 운행하는 원인을 구하게 된다면, 천 년 뒤의 동지冬至도 앉아서 알 수 있을 것입니다."

역자 해설

『맹자』의 여러 장절 가운데, 해석이나 이해에 있어서 논란이 많은 구절 가운데 하나다. 다양한 해석이 가능하고 또 그렇게 해석되고 있다. 주자는 고故를 적迹으로 해석하는데, 이것은 어떤 특정한 모습으로 드러난 현상과 그 현상의 원인을 가리킨다고 이해된다. 반면 『맹자역주孟子譯注』에서 양백준은 이 적迹을 '소이연所以然', 곧 저절로 그렇게 되는 원인으로 이해하였는데, 여기에서는 양백준의 시각을 따랐다. 리利에 대해서는 두 사람 모두 순順, 곧 자연스러워서 그렇게 해도 아무런 탈이 없다는 뜻으로 해석하였다.

스물일곱 번째

27

公行子有子之喪, 右師往弔. 入門, 有進而與右師言者, 有就右師之位而與右師言者. 孟子不與右師言, 右師不悅曰, "諸君子皆與驩言, 孟子獨不與驩言, 是簡驩也."

孟子聞之, 曰, "禮, 朝廷不歷位而相與言, 不踰階而相揖也. 我欲行禮, 子敖以我爲簡, 不亦異乎?"

공항자公行子가 아들의 상喪을 당했는데, 우사右師가 가서 조문하였다. 문을 들어서자, 앞으로 나와 우사와 함께 이야기하는 사람이 있었고, 우사의 자리로 다가가 그와 함께 이야기하는 사람도 있었다. 그런데 맹자가 우사와 이야기를 나누지 않자, 우사가 좋아하지 않으며 말하였다. "여러 군자가 모두 나와 이야기를 나누는데, 맹자는 홀로 나와 이야기를 나누지 않으니, 이것은 나 왕환을 무시한 것이다."

맹자가 그 말을 듣고 말하였다. "예禮에 조정에서는 다른 사람의 자리를 지나가 서로 이야기하지 않고, 층계를 넘어 서로 인사하지 않는다고 하였습니다. 나는 예를 실천하려고 한 것인데, 자오子敖는 내가 자기를 무시했다고 하니 이상하지 않습니까?"

스물여덟 번째 28

孟子曰, "君子所以異於人者, 以其存心也. 君子以仁存心, 以禮存心. 仁者愛人, 有禮者敬人. 愛人者人恆愛之, 敬人者人恆敬之. 有人於此, 其待我以橫逆, 則君子必自反也, 我必不仁也, 必無禮也, 此物奚宜至哉? 其自反而仁矣, 自反而有禮矣, 其橫逆由是也, 君子必自反也, 我必不忠. 自反而忠矣, 其橫逆由是也, 君子曰, '此亦妄人也已矣. 如此則與禽獸奚擇哉? 於禽獸又何難焉?' 是故, 君子有終身之憂, 無一朝之患也. 乃若所憂則有之, 舜人也, 我亦人也. 舜爲法於天下, 可傳於後世, 我由未免爲鄉人也, 是則可憂也. 憂之如何? 如舜而已矣. 若夫君子所患則亡矣, 非仁無爲也, 非禮無行也. 如有一朝之患,則君子不患矣."

맹자가 말하였다. "군자가 보통 사람과 다른 까닭은 그 마음을 보존하고 있기 때문입니다. 군자는 인仁으로 마음을 보존하고, 예禮로 마음을 보존합니다. 인을 실천하는 사람은 다른 사람을 사랑하고, 예를 실천하는 사람은 다른 사람을 공경합니다. 다른 사람을 사랑하는 사람은 다른 사람도 항상 그를 사랑해주고, 다른 사람을 공경하는 사람은 다른 사람도 항상 그를 공경합니다. 여기 어떤 사람이 있는데 그가 나를 함부로 대하면, 군자는 반드시 스스로 반성하며 '틀림없이 내가 인仁을 실천하지 않고, 틀림없이 내가 무례했다. 그렇지 않다면 이런 일이 어떻게 일어나겠는가?'라고 말합니다. 스스로 돌아보았는데 인을 실천하였고, 스스로 돌아보았는데 예를 지켰음에도, 그가 여전히 나를 함부로 대한다면, 군자는 반드시 스스로 반성하며, '틀림없이 내가 충실하지 못했을 것이다.'라고 합니다. 스스로 반성해보아 충실하였는데, 그가 여전히 나를 함부로 대한다면, 군자는 '이 사람은 크게 잘못된 사람일 뿐이다. 이정도면 금수禽獸와 무엇이 다르겠는가? 금수에게 또 무슨 잘못을 따지겠는가?'라고 말할 것입니다. 이 때문에 군자는 평생 계속되는 근심은 있어도, 하루아침의 일시적인 걱정거리는 없습니다. 군자가 평생 계속해야 하는 근심에는 이런 것이 있습니다. 순舜도 사람이고 나도 똑같은 사람인

데, 순은 세상에 모범이 되어 후세에 전해지지만, 나는 아직도 시골 사람을 면하지 못하고 있는 것, 이것이 바로 근심할 만한 것입니다. 그것을 근심한다면 어떻게 해야 할까요? 순처럼 할 뿐입니다. 군자에게는 하루아침의 일시적인 고민은 없는 것과 마찬가지니, 인이 아니면 하지 않고, 예가 아니면 행하지 않습니다. 하루아침의 일시적인 고민이 있어도, 군자는 걱정거리로 여기지 않습니다."

역자 해설

군자가 가진 '평생 계속되는 근심(終身之憂)'은 인격적인 혹은 도덕적인 자신의 성장과 관련된 것이라면, '하루아침의 일시적인 고민(一朝之患)'은 더 좋은 의식주를 얻기 위한 걱정을 가리킨다. 군자라고 모두 사회적 경제적으로 풍족한 환경이나 조건을 갖출 수는 없다. 어떤 삶도 필요한 모든 조건을 온전히 갖추거나 유지하기 어렵다는 점에서 부족과 필요를 느끼게 되지만, 그것을 근심하지 않는 것을 맹자는 군자의 태도라고 보았다.

스물아홉 번째 29

禹·稷當平世, 三過其門而不入, 孔子賢之. 顏子當亂世, 居於陋巷, 一簞食, 一瓢飮. 人不堪其憂, 顏子不改其樂,孔子賢之.

孟子曰, "禹·稷·顏回同道. 禹思天下有溺者, 由己溺之也. 稷思天下有飢者, 由己飢之也, 是以如是其急也. 禹·稷·顏子易地則皆然. 今有同室之人鬥者, 救之, 雖被髮纓冠而救之, 可也. 鄉鄰有鬥者, 被髮纓冠而往救之, 則惑也, 雖閉戶可也."

우禹와 직稷은 태평한 시대를 살아가면서도, 세 번이나 자기 집 문 앞을 지났지만 집 안으로 들어가지 못하였는데, 공자는 이들을 현인이라고 생각하였다. 안자顏子는 어지러운 세상을 만나 누추한 골목에 거처하며, 밥 한 그릇과 물 한 바가지로 살았다. 다른 사람들은 이런 가난을 견디지 못하였지만, 안자는 그 즐거워하는 것을 바꾸지 않았는데, 공자는 그를 현인이라고 생각하였다.

맹자가 말하였다. "우와 직, 안회는 똑같은 길을 걸어갔습니다. 우는 세상에 물에 빠진 사람이 있으면, 마치 자신이 그를 빠뜨린 것 같이 생각했습니다. 직은 세상에 굶주리는 사람이 있으면 마치 자신이 그를 굶주리게 한 것처럼 생각했습니다. 그래서 이처럼 급하게 행동한 것입니다. 우와 직, 안자가 처지를 바꾸었다면 모두 그렇게 했을 것입니다. 지금 같은 집안사람들이 서로 싸우면, 비록 머리를 풀어헤친 채 갓끈만 묶고 달려가 말리더라도 괜찮을 것입니다. 고을의 이웃끼리 싸움이 있는 경우, 머리를 풀어헤치고 갓끈만 묶고 가서 말린다면 이것은 잘못되었는데, 문을 닫고 있더라도 상관없습니다."

서른 번째

30

公都子曰, "匡章, 通國皆稱不孝焉. 夫子與之遊, 又從而禮貌之, 敢問何也?"

孟子曰, "世俗所謂不孝者五, 惰其四支, 不顧父母之養, 一不孝也. 博弈好飮酒, 不顧父母之養, 二不孝也. 好貨財, 私妻子, 不顧父母之養, 三不孝也. 從耳目之欲, 以爲父母戮, 四不孝也. 好勇鬥很, 以危父母, 五不孝也. 章子有一於是乎? 夫章子, 子父責善而不相遇也. 責善, 朋友之道也. 父子責善, 賊恩之大者. 夫章子, 豈不欲有夫妻子母之屬哉? 爲得罪於父, 不得近, 出妻, 屛子, 終身不養焉. 其設心以爲不若是, 是則罪之大者, 是則章子已矣."

공도자公都子가 말하였다. "온 나라 사람들이 모두 광장匡章을 불효자不孝子라고 말합니다. 그런데도 선생님께서는 그와 교제하시고 또 예로 대하시는데, 왜 그렇게 하시는지 감히 질문을 드립니다."

맹자가 말하였다. "세상의 풍속에 불효不孝라고 하는 것에는 다섯 가지가 있네. 몸이 게을러 부모를 봉양하지 않는 것이 첫 번째 불효라네. 도박에 술 마시기를 좋아하여 부모를 봉양하지 않는 것이 두 번째 불효이네. 재물을 좋아하고 처자식만 사랑하여 부모를 봉양하지 않는 것이 세 번째 불효라네. 눈과 귀 같은 감각적인 욕망을 따라가 부모를 욕되게 하는 것이 네 번째 불효라네. 용맹한 것을 좋아하여 싸우거나 사나운 짓으로 부모를 위태롭게 하는 것이 다섯 번째 불효라네. 광장이 이들 가운데 한 가지라도 해당되는 것이 있는가? 광장의 경우는 아들이 아버지에게 선하게 행동하라고 요구하다가 뜻이 서로 맞지 않은 것이네. 선하게 행동하라고 요구하는 것은 친구 간의 도리인데, 부자 사이에 선하게 행동하라고 요구하는 것은 부자 사이의 정을 크게 해치는 일이네. 광장이라고 어떻게 부부夫婦와 자모子母 등의 단란한 가족을 갖고 싶지 않았겠는가? 그런데 아버지에게 죄를 지었기 때문에 가까이 둘 수 없어서, 아내를 내보내고 자식들을 물리쳐서 평생 봉양을 받지 않은 것이네. 그 마음에 이렇게 하지 않으면 죄가 더욱 커진다고 생각한 것인데, 이렇게 처신한 사람이 바로 광장이라네."

역자 해설

광장은 맹자의 제자이자 전국시대 제齊나라의 장군이었다. 가장 서쪽에 있는 진秦나라가 한韓나라와 위魏나라의 길을 빌려 제나라를 공격했을 때, 광장은 진나라 군영에 특사를 파견하면서, 두 나라 군대의 깃발을 뒤섞어버리는 작전을 통해 대승을 거둘 수 있었다. 제나라 선왕宣王 6년(기원전 314)에는 연燕나라에 '자지子之의 난'이 일어난 어지러운 틈을 타 연나라를 점령한 사람도 바로 광장이었다. 하지만 그 집안일은 조금 복잡해서, 그가 아버지에게 선하게 행동하라고 요구한 구체적인 내용은 죽은 모친의 이장移葬과 관련된다. 결국, 이장을 권했던 광장의 말을 그 아버지는 듣지 않고 사망하면서, 부친의 허락이 없었다는 이유로 모친의 이장 역시 물거품이 되었다. 선하게 행동하라는 권고는 친구 사이에서나 하는 것인데, 그 아버지에게 한 것이 바로 그가 아버지에게 지은 죄이기도 하다.

서른한 번째

31

曾子居武城, 有越寇. 或曰, "寇至, 盍去諸?"

曰, "無寓人於我室, 毀傷其薪木."

寇退, 則曰, "修我牆屋, 我將反."

寇退, 曾子反. 左右曰, "待先生, 如此其忠且敬也. 寇至則先去以爲民望, 寇退則反, 殆於不可."

沈猶行曰, "是非汝所知也. 昔沈猶有負芻之禍, 從先生者七十人, 未有與焉."

子思居於衛, 有齊寇. 或曰, "寇至, 盍去諸."

子思曰, "如伋去, 君誰與守."

孟子曰, "曾子 · 子思同道. 曾子, 師也, 父兄也. 子思, 臣也, 微也. 曾子 · 子思易地則皆然."

증자曾子가 무성武城에 거주하고 있을 때, 월越나라가 쳐들어오자, 어떤 사람이 말하였다. "적군이 쳐들어오는데, 왜 떠나지 않으십니까?"

증자가 말하였다. "내가 떠난 다음에 내 집에 사람이 거주하거나, 땔나무가 훼손되는 일이 없도록 하라."

적군이 물러가자 증자가 말하였다. "내 집의 담장과 지붕을 수리하라. 곧 돌아갈 것이다."

적군이 물러가고 증자가 돌아왔는데, 주변의 문인門人들이 말하였다. "선생님을 그렇게 충직하고 공경스럽게 대우했는데, 적군이 쳐들어오자 먼저 떠나, 백성들이 보고 따라 하게 하시고, 적군이 물러난 후에 돌아오셨는데, 이렇게 해서는 안 될 듯합니다."

심유행沈猶行이 말하였다. "이것은 자네들이 알고 있는 것과는 다르네. 옛날 내가 부추負芻의 난리를 당한 적이 있는데, 그때 선생님을 따르는 사람이 70명이었지만, 모두 피난해 한 사람도 그 난리에서 화를 입은 사람이 없었네."

자사子思가 위衛나라에 거주하고 있을 때 제齊나라가 쳐들어오자, 어떤 사람이 말하였다. "적군이 쳐들어오는데 왜 떠나지 않으십니까?"

자사가 말하였다. "만일 내가 떠나면 군주는 누구와 함께 나라를 지키겠습니까?"

맹자가 이것에 대해 말하였다. "증자와 자사는 똑같은 길을 걸어갔습니다. 증자는 스승이고 부형父兄이었으며, 자사는 신하이며 낮은 관리였을 뿐입니다. 증자와 자사가 처지를 바꾸었다면 모두 똑같이 그렇게 행동했을 것입니다."

역자 해설

월나라 군대가 쳐들어오자 무성에 거주하던 증자는 먼저 피난을 떠났지만, 위나라에 거주하던 자사는 제나라 군대가 쳐들어오자 군주와 함께 나라를 지키겠다며 피난을 떠나지 않았다. 이 두 사람의 행동이 다르지만, 각각 스승과 신하라는 자신이 처한 위치에 따라 의義를 다른 모습과 방식으로 실천했을 뿐이라고 맹자는 말하고 있다.

서른두 번째

32

儲子曰, "王使人瞷夫子, 果有以異於人乎?"

孟子曰, "何以異於人哉? 堯舜與人同耳."

저자儲子가 말하였다. "왕께서 사람을 시켜 선생을 엿보게 하셨는데, 선생께서는 과연 보통 사람과 다른 점이 있습니까?"

맹자가 말하였다. "어떻게 다른 사람과 다르겠습니까? 요堯와 순舜도 보통 사람과 똑같았습니다."

역자 해설

저자儲子는 제나라의 제상을 지낸 인물이다. 연나라에 '자지子之의 난'이 일어났을 때, 제나라의 선왕宣王에게 연燕나라를 공격하도록 의견을 낸 사람이기도 하다. 이런 관계에서 보자면, 엿보게 시킨 왕은 선왕일 가능성이 크다. 이 구절에서 중요한 것은 마지막 구절인 '요堯와 순舜도 보통 사람과 똑같다.'라는 맹자의 시각이다. 맹자가 주장하는 사람이 갖추고 있는 선한 본성에서 보자면, 원론적으로 모든 사람은 똑같은 토대를 가진다고 말할 수 있다.

서른세 번째

33

齊人有一妻一妾而處室者. 其良人出, 則必饜酒肉而後反. 其妻問所與飮食者, 則盡富貴也. 其妻告其妾曰, "良人出, 則必饜酒肉而後反. 問其與飮食者, 盡富貴也, 而未嘗有顯者來, 吾將瞯良人之所之也." 蚤起, 施從良人之所之, 遍國中無與立談者. 卒之東郭墦閒, 之祭者, 乞其餘. 不足, 又顧而之他, 此其爲饜足之道也. 其妻歸, 告其妾曰, "良人者, 所仰望而終身也. 今若此." 與其妾訕其良人, 而相泣於中庭. 而良人未之知也, 施施從外來, 驕其妻妾. 由君子觀之, 則人之所以求富貴利達者, 其妻妾不羞也, 而不相泣者幾希矣.

제나라 사람 중에 본처와 첩을 거느리고, 한집에서 살아가는 사람이 있었는데, 남편이 밖에 나가면 꼭 술과 고기를 배불리 먹고 돌아왔다. 그의 아내가 남편에게 그 음식을 대접한 사람이 누구인지 물어보면 모두 부귀富貴한 사람이었다. 어느 날 그 본처가 첩에게 말하였다. "남편이 외출하면 꼭 술과 고기를 배불리 먹고 돌아오는데, 내가 누구에게 음식을 대접받았는지 물어보면, 모두 부귀한 사람이네. 그런데 이전에 그런 훌륭한 사람이 우리 집에 찾아온 일이 없는데, 앞으로 내가 남편이 가는 곳을 엿보려 하네." 그리고는 일찍 일어나 멀리서 남편이 가는 곳을 따라가 보니, 온 도성을 두루 다녀도 함께 서서 이야기를 나누는 사람이 없었다. 마침내 동쪽 성 밖의 무덤들 사이 제사를 지내는 사람에게로 가서, 제사 지내고 남은 음식을 얻어먹었다. 그것으로 부족하면 또 돌아보고 다른 곳으로 갔는데, 이것이 술과 고기를 배불리 먹는 방법이었다. 그 아내가 집으로 돌아와 첩에게 말하였다. "남편은 우리가 우러러보면서 평생을 같이해야 할 사람인데, 지금 이 모양이라네." 그리고는 첩과 함께 남편을 원망하며, 마당

가운데서 서로를 바라보며 울고 있었다. 남편은 이런 사실을 알지 못하고 여전히 의기양양하게 밖으로부터 돌아와 아내와 첩에게 잘난 체하였다. 군자의 처지에서 보자면, 부귀와 영달을 구하는 사람 중에 그 아내와 첩이 알면 부끄러워하지 않고, 서로를 바라보며 울지 않을 사람이 드물 것이다.

역자 해설

조기는 『맹자주』에서 '소인배는 구차스럽게 얻는 것을 다른 사람이 볼 수 없고 모른다고 생각한다. 군자는 그것이 올바른 길에서 벗어난 것으로 생각한다.'라고 이 구절을 설명한다. 제나라 사람이 공동묘지를 찾아가 제삿밥을 구걸해 먹는 모습은, 영달을 위해서는 무슨 짓이든 할 수 있는 세태나 소인배의 삶의 모습을 보여주는 것이기도 하다.

09. 만장장구萬章章句 상上

첫 번째

1

萬章問曰, "舜往于田, 號泣于旻天, 何爲其號泣也?"

孟子曰, "怨慕也."

萬章曰, "父母愛之, 喜而不忘. 父母惡之, 勞而不怨. 然則舜怨乎?"

曰, "長息問於公明高曰, '舜往于田, 則吾旣得聞命矣. 號泣于旻天, 于父母, 則吾不知也.' 公明高曰, '是非爾所知也.' 夫公明高以孝子之心, 爲不若是恝, 我竭力耕田, 共爲子職而已矣, 父母之不我愛, 於我何哉? 帝使其子九男二女, 百官牛羊倉廩備, 以事舜於畎畝之中. 天下之士多就之者, 帝將胥天下而遷之焉. 爲不順於父母, 如窮人無所歸. 天下之士悅之, 人之所欲也, 而不足以解憂. 好色, 人之所欲, 妻帝之二女, 而不足以解憂. 富, 人之所欲, 富有天下, 而不足以解憂. 貴, 人之所欲, 貴爲天子,而不足以解憂. 人悅之 · 好色 · 富貴, 無足以解憂者, 惟順於父母, 可以解憂. 人少, 則慕父母. 知好色, 則慕少艾, 有妻子, 則慕妻子, 仕則慕君, 不得於君則熱中. 大孝終身慕父母. 五十而慕者, 予於大舜見之矣."

만장萬章이 질문하였다. "순舜이 밭으로 나가 하늘을 보며 소리쳐 울었는데, 무엇 때문에 그렇게 소리치며 울었습니까?"

맹자가 말하였다. "자신의 처지를 한탄하고, 그 부모를 사모한 까닭이라네."

만장이 물었다. "부모가 사랑하면 기뻐하며 잊지 않고, 부모가 미워하면 더욱 노력할 뿐, 원망해서는 안 되는데, 그렇다면 순은 원망한 것입니까?"

맹자가 말하였다. "장식長息이 공명고公明高에게 '순이 밭에 나갔다는 것은 제가 이미 들어 알고 있습니다. 그런데 하늘을 보고 부모에게 소리쳐 울었던 이유에 대해 저는 알지 못하겠습니다.'라고 말하자, 공명고는 '이것은 네가 알 수 있는 것이 아니라네.'라고 말하였네. 저 공명고는 효자의 마음에도 근심 걱정이 없는 것이 아니어서, '나는 힘을 다해 밭을 갈아 자식의 직분을 다할 따름인데, 부모가 나를 사랑하지 않는 것은 나에게 무슨 잘못이 있어서인가?'라고 근심하였다고 생각한 것이네. 요堯가 자신의 자식 9남 2녀에게 여러 관리(百官)와 소, 양, 양곡 창고를 갖추고, 순이 농사짓는 논밭에서 그를 섬기도록 하였네. 세상의 사士 가운데 순을 찾아가는 사람이 많아졌고, 그래서 요는 세상의 인심人心을 살펴보고 그 제帝의 자리를 물려주려 하였다네. 그런데 순은 부모에게 사랑을 받지 못하였기 때문에, 마치 가난한 사람이 돌아갈 곳이 없는 것같이 생각하였네. 세상의 사士가 기쁘게 따르는 것은 사람들이 모두 원하는 것이지만, 세상의 사士가 기쁘게 따르는 것도 순의 근심을 풀어 주기에는 부족하였네. 아름다운 여색女色은 사람들이 바라는 것이지만, 요의 두 딸을 아내로 삼았어도 근심을 풀어 주기에 부족하였네. 부유함은 사람들이 원하는 것이지만, 부유함에서 천하를 가졌어도 근심을 풀어 주기에 부족하였네. 존귀함은 사람들이 원하는 것이지만, 존귀함에서 천자天子가 되어도 근심을 풀어 주기에는 부족하였네. 사람들이 기쁘게 따르는 것과 아름다운 여색, 부귀에서는 순의 근심을 풀어 줄 수 있는 것이 없었고, 오직 부모의 사랑을 받는 것이 근심을 풀어 줄 수 있었네. 사람이란 어릴 때는 부모를 사랑하다가, 여색을 좋아하게 되면 젊은 미녀를 사랑하고, 처자식을 두게 되면 처자식을 사랑하며, 벼슬하면 군주를 사모하는데, 군주의 눈에 들지 못하면 속을 태운다네. 그러나 큰 효자는 종신토록 부모를 사랑하는데, 50세가 되도록 부모를 사랑하는 것을 나는 위대한 순에서 보았네."

역자 해설

만장萬章은 제나라 사람으로 맹자의 제자이다. 만장의 질문은 『서경書經』「대우모大禹謨」의 "제帝가 처음 역산에서 밭에 나가 일을 할 때, 날마다 하늘과 부모님께 울부짖으며 죄를 스스로 지시고, 잘못을 자기에게 돌렸습니다(帝初于歷山, 往于田, 日號泣于旻天, 于父母. 負罪引慝.)."라는 구절에 관한 것이다. 만장의 두 번째 질문은 『예기禮記』「제의祭義」편에 실려 있는 증자曾子가 공명의公明儀에게 한 말로, "부모가 사랑하면 기뻐하며 잊지 말고, 부모가 싫어하면 두려워하며 원망하지 말아라(父母愛之, 嘉而不忘 父母惡之, 懼而不怨.)."라는 구절이다. 순舜 그리고 증자曾子의 제자인 공명의는 모두 효를 잘 실천한 대표적인 인물이다.

두 번째

2

萬章問曰, "詩云, '娶妻如之何? 必告父母.' 信斯言也, 宜莫如舜. 舜之不告而娶, 何也?"

孟子曰, "告則不得娶. 男女居室, 人之大倫也. 如告, 則廢人之大倫, 以懟父母, 是以不告也."

萬章曰, "舜之不告而娶, 則吾既得聞命矣. 帝之妻舜而不告, 何也?"

曰, "帝亦知告焉則不得妻也."

萬章曰, "父母使舜完廩, 捐階, 瞽瞍焚廩. 使浚井, 出, 從而揜之. 象曰, '謨蓋都君咸我績. 牛羊父母, 倉廩父母,干戈朕, 琴朕, 弤朕, 二嫂使治朕棲.' 象往入舜宮, 舜在床琴. 象曰, '鬱陶思君爾.' 忸怩. 舜曰, '惟茲臣庶, 汝其于予治.' 不識舜不知象之將殺己與?"

曰, "奚而不知也? 象憂亦憂, 象喜亦喜."

曰, "然則舜僞喜者與?"

曰, "否. 昔者有饋生魚於鄭子産, 子産使校人畜之池. 校人烹之, 反命曰, '始舍之圉圉焉, 少則洋洋焉, 攸然而逝.' 子産曰'得其所哉! 得其所哉!' 校人出, 曰, '孰謂子産智? 予旣烹而食之, 曰,得其所哉? 得其所哉.' 故君子可欺以其方, 難罔以非其道. 彼以愛兄之道來, 故誠信而喜之, 奚僞焉?"

만장이 질문하였다. "『시경』에 '아내를 얻을 때는 어떻게 해야 하는가? 반드시 부모에게 알려야 하지.'라고 하였는데, 이 말대로라면 순舜처럼 해서는 안 될 것입니다. 순이 부모에게 알리지도 않고 장가간 것은 어떻게 된 것입니까?"

맹자가 말하였다. "부모에게 알렸다면 장가갈 수가 없었을 것이네. 남녀男女가 혼인해 함께 사는 것은 인륜 가운데 큰 것이네. 만약 순이 부모에게 알렸다면, 장가갈 수가 없고, 인륜을 실현할 수 없어서 결국 부모를 원망하였을 것이네. 그래서 부모에게 알리지 않은 것이네."

만장이 말하였다. "순이 알리지 않고 장가간 까닭은 제가 이제 듣고 알겠습니다. 그런데 요堯가 순에게 딸을 시집보내시면서 순의 부모에게 알리지 않은 것은 어떻게 된 것입니까?"

맹자가 말하였다. "요 또한 순의 부모에게 알리면 딸을 시집보내실 수 없다는 것을 알고 있었기 때문이네."

만장이 말하였다. "순의 부모가 순에게 창고를 수리하게 시키고는 창고로 올라가자 사다리를 치우고, 그 아버지 고수瞽瞍는 창고에 불을 질렀습니다. 또 한 번은 순에게 우물을 파게 시키고는, 나오려고 하자 흙을 덮어버렸습니다. 이복동생인 상象이 '도군都君(순)을 흙으로 덮어 버릴 꾀를 낸 것은 모두 나의 공이다. 그러니 순의 소와 양은 부모의 것이고, 곡식 창고도 부모의 것이지만, 방패와 창은 내 것이고, 거문고도 내 것이며, 활도 내 것이고, 두 형수는 내 잠자리를 돌보게 하겠다.'라고 말하며, 상이 순의 집으로 들어가니, 순이 침상에서 거문고를 타고 있었습니다. 놀란 상이 '가슴이 답답할 정도로 형님이 그리워 왔습니다.'라고 말하고는 부끄러워하였습니다. 순은 '너는 나를 도와 이 많은 신하와 백성들을 함께 다스리자.'라고 말하였습니다. 잘 모르겠습니다만, 순은 상이 자신을 죽이려 한 것을 몰랐습니까?"

맹자가 말하였다, "어떻게 몰랐겠는가? 동생인 상이 근심하면 자신도 근심하고, 상이 기뻐하면 자신도 기뻐한 것이네."

만장이 말하였다. "그렇다면 순은 거짓으로 기뻐한 것입니까?"

맹자가 말하였다. "그것은 아니라네. 옛날 정鄭나라 대부 자산

子産에게 살아있는 물고기를 선물한 사람이 있었는데, 자산이 연못 지기에게 그것을 연못에 기르라고 하였네. 연못 지기가 물고기를 삶아 먹고는, '처음 고기를 놓아주자 비실비실하더니, 조금 있자 팔팔해져서 여유롭게 가버렸습니다.'라고 보고하였네. 그러자 자산은 '제 살 곳을 얻었구나! 제 살 곳을 얻었구나!'라고 말하였네. 연못 지기가 나와서는 '누가 자산이 지혜롭다고 말하였는가? 내가 이미 물고기를 삶아 먹었는데, 제 살 곳을 얻었구나, 제 살 곳을 얻었구나라고 말하더군.'이라고 말하였네. 그러므로 군자는 그럴듯한 방법으로 속일 수는 있지만, 올바른 길이 아닌 것으로 속이기는 어렵네. 저 상이 형을 사랑한다는 도리로 찾아왔으므로 순이 진실로 믿고 기뻐한 것이지, 어떻게 거짓이겠는가?"

역자 해설

순의 성은 우虞 혹은 유우有虞이고, 이름은 중화重華인데, 그 아버지는 고수瞽叟였다. 순의 어머니가 죽자 고수는 다시 아내를 얻어 상象을 낳았는데, 고수는 이 상을 편애하며, 늘 순을 죽이려고 해서 순은 피해 도망 다녔다. 순에게 창고에 올라가 지붕을 수리하게 한 후, 창고에 불을 지른 것이나, 우물을 파도록 한 후, 흙을 부어 우물을 메워버린 것이 여기에 해당한다. 순은 20세에 효행으로 세상이 이름이 알려졌고, 30세에는 요에게 기용되었으며, 50세에는 연로한 요를 대신해 나라를 다스렸다. 58세에 요가 세상을 떠난 후, 요의 아들인 단주丹朱에게 제위를 넘겨주려고 했지만, 사람들이 따르지 않았다. 61세에 요의 뒤를 이어 제위帝位에 올랐고, 제위에 오른 지 39년 순수巡狩 길에 창오의 들판에서 세상을 떠났다. 구의산九疑山의 영릉零陵이 그의 무덤이다.

세 번째

3

萬章問曰, "象日以殺舜爲事, 立爲天子, 則放之, 何也?"

孟子曰, "封之也, 或曰放焉."

萬章曰, "舜流共工于幽州, 放驩兜于崇山, 殺三苗于三危, 殛鯀于羽山, 四罪而天下咸服, 誅不仁也. 象至不仁, 封之有庳. 有庳之人奚罪焉? 仁人固如是乎? 在他人則誅之, 在弟則封之."

曰, "仁人之於弟也, 不藏怒焉, 不宿怨焉, 親愛之而已矣. 親之欲其貴也, 愛之欲其富也. 封之有庳, 富貴之也. 身爲天子, 弟爲匹夫, 可謂親愛之乎?"

"敢問或曰放者, 何謂也?"

曰, "象不得有爲於其國, 天子使吏治其國, 而納其貢稅焉, 故謂之放, 豈得暴彼民哉? 雖然, 欲常常而見之, 故源源而來. '不及貢, 以政接于有庳', 此之謂也."

만장이 질문하였다. "상象은 매일 순舜을 죽이는 것이 자기 일이라 생각하였는데, 순은 즉위하여 천자天子가 된 뒤에 그를 죽이지 않고 겨우 추방만 한 것은 무엇 때문입니까?"

맹자가 말하였다. "상을 제후에 봉하였는데, 어떤 사람들은 추방했다고 말하는 것이네."

만장이 말하였다. "순이 공공共工을 유주幽州에 유배 보내고, 환두驩兜를 숭산崇山으로 추방하고, 삼묘三苗를 삼위三危에서 죽이고, 곤鯀을 우산羽山에서 사형에 처하였습니다. 네 사람의 죄를 묻자, 세상이 모두 순에게 복종한 것은 불인不仁한 자를 처벌했기 때문입니다. 그런데 상은 불인한 사람 중에서도 최고로 불인하였는데도 그를 유비有庳의 제후에 봉했으니, 유비의 백성들은 무슨 죄가 있습니까? 인을 실천하는 사람도 진정 이렇게 하는 것입니까? 다른 사람의 경우에는 죽이고, 동생의 경우에는 제후에 봉하는군요."

맹자가 말하였다. "인을 실천하는 사람은 동생에 대한 분노를 마음속에 간직하지 않고, 원망을 묵혀 두지 않으며, 그를 친밀하게 사랑할 뿐이네. 그를 친밀하게 여겨서 그가 존귀하게 되기를 원하고, 그를 사랑해서 그가 부유하게 되기를 원한다네. 그러니 상을 유비의 제후에 봉한 것은, 그를 부유하고 존귀하게 한 것이네. 자신은 천자가 되었는데, 그 동생이 일개 평민이라면, 아우를 친밀하게 여기고 사랑한다고 말할 수 있겠는가?"

만장이 말하였다. "감히 여쭙습니다만, 몇몇 사람들이 '순이 동생 상을 추방하였다.'라고 말하는 것은 무엇 때문입니까?"

맹자가 말하였다. "상이 그 나라를 제대로 다스리지 못해, 천자가 관리를 보내 그 나라를 다스리도록 하고, 그 공물과 세금을 내도록 하였네. 그래서 상을 추방하였다고 말하는데, 그런 상황에서 상이 어떻게 저 백성들에게 포악하게 할 수 있었겠는가? 그리고 늘 상을 만나보고 싶어 하였기 때문에, 끊임없이 찾아오게 하였다네. '조공朝貢할 때가 되지 않았는데, 다스리는 일로 유비의 군주를 접견하였다.'라고 한 것이 바로 이것을 말한 것이네."

역자 해설

복잡한 가족 관계 속에서, 순舜이 제위에 오른 뒤 그를 죽이려고 했던 이복동생 상象을 어떻게 대우했는지, 이야기하고 있는 내용이다. 표면적으로 순은 동생 상을 제후에 임명하며, 여전히 사랑하는 모습을 보였다. 하지만 '관리를 보내 그 나라를 다스리도록 하고, 그 공물과 세금을 내도록' 했다는 점에서, 그리고 백성들에게 포악하게 대하지 못하도록 순 자신을 '끊임없이 찾아오게 하였다'는 점에서 보자면, 동생 상은 실질적으로 추방과 다름없는 생활을 하거나 상황이었을 것으로 짐작된다. 그리고 바로 그런 실질적인 모습에서 '어떤 사람들은 추방했다고 말하였던 것'이라고 이해할 수도 있을 것이다.

공공共工과 환도驩兜, 삼묘三苗, 곤鯀은 함께 묶어서 흔히 사흉四凶이라 부른다. 요로부터 순으로 제위가 이양되는 과정에서, 그것에 반대하거나 반발해서 난을 일으켜 유배나 추방, 처형된 인물이나 작은 부족이나 씨족의 지도자들이었다고 이해된다.

네 번째

4

咸丘蒙問曰, "語云, '盛德之士, 君不得而臣, 父不得而子.' 舜南面而立, 堯帥諸侯北面而朝之, 瞽瞍亦北面而朝之. 舜見瞽瞍, 其容有蹙. 孔子曰, '於斯時也, 天下殆哉, 岌岌乎!' 不識此語誠然乎哉?"

孟子曰, "否. 此非君子之言, 齊東野人之語也. 堯老而舜攝也. 堯典曰, '二十有八載, 放勳乃徂落, 百姓如喪考妣, 三年, 四海遏密八音.' 孔子曰, '天無二日, 民無二王.' 舜既爲天子矣, 又帥天下諸侯以爲堯三年喪, 是二天子矣."

咸丘蒙曰, "舜之不臣堯, 則吾既得聞命矣. 詩云, '普天之下, 莫非王土. 率土之濱, 莫非王臣.' 而舜既爲天子矣, 敢問瞽瞍之非臣, 如何?"

曰, "是詩也, 非是之謂也. 勞於王事, 而不得養父母也, 曰'此莫非王事, 我獨賢勞也.' 故說詩者, 不以文害辭, 不以辭害志, 以意逆志, 是爲得之. 如以辭而已矣, 雲漢之詩曰, '周餘黎民, 靡有孑遺.' 信斯言也, 是周無遺民也. 孝子之至, 莫大乎尊親. 尊親之至, 莫大乎以天下養. 爲天子父, 尊之至也. 以天下養, 養之至也. 詩曰, '永言孝思, 孝思維則.' 此之謂也. 書曰, '祗載見瞽瞍, 夔夔齋栗, 瞽瞍亦允若.' 是爲父不得而子也."

함구몽咸丘蒙이 질문하였다. "옛말에 '덕德이 훌륭한 사士는 군주도 신하로 둘 수 없고, 아버지 역시 아들로 대할 수 없다. 순이 천자가 되어 남쪽을 향해 서자, 요가 제후를 거느리고 북쪽을 향해 서서 조회하였고, 아버지 고수瞽瞍 또한 북쪽을 향해 서서 조회하였는데, 순이 고수를 보며 얼굴을 찌푸렸다.'라고 하였습니다. 공자는 '이때 세상이 매우 위태롭고 불안했다.'라고 말하였는데, 잘 모르기는 합니다만, 이 말이 진정 사실입니까?"

맹자가 말하였다. "그것은 아니라네. 이것은 군자의 말이 아니라, 제齊나라 동쪽 야인野人들의 말이네. 요가 늙어 순이 섭정攝政한 것이라네. 『서경』「요전堯典」에 '28년 후에 방훈 요가 마침내 세상을 떠났다. 백성들은 부모를 잃은 것처럼 슬퍼하며 삼년상을 치렀고, 온 세상에 팔음의 음악 소리가 끊어져 조용하였다.'라고 하였네. 공자는 '하늘에는 두 개의 태양이 있을 수 없고, 백성에게는 두 명의 왕이 있을 수 없다.'라고 말하였네. 순이 천자가 된 후, 천하의 제후들을 거느리고 요를 위해 삼년상을 치렀는데, 이것을 두고 '천자가 두 명이다.'라고 한 것이네."

함구몽이 말하였다. "순이 요를 신하로 두지 않았다는 것에 대해서는 제가 이제 듣고 알겠습니다. 그런데 『시경』에는 '온 하늘

아래 왕의 땅 아닌 곳이 없고, 그 땅의 끝까지 왕의 신하가 아닌 사람이 없다.'라고 하였습니다. 순이 이미 천자가 되었는데, 감히 여쭙습니다만 고수를 신하로 삼지 않았다는 것은 무슨 까닭입니까?"

"이 시는 그런 뜻을 말한 것이 아니라네. 나랏일에 힘쓰느라 부모를 봉양하지 못하는 것을 이야기한 것으로, '이것 가운데 왕의 일이 아닌 것이 없지만, 나 홀로 힘들게 노력한다.'라고 한 것이네. 그래서 시를 해설하는 사람은 한 글자로 한 구절의 말을 잘못 풀이하지 않아야 하고, 한 구절의 말로 시 전체의 뜻을 해치지 않아야 하며, 생각으로 그 뜻을 헤아려야만 진정으로 시를 알게 되는 것이네. 만일 한 구절의 말만 가지고 해설한다면, 『시경』「운한雲漢」에 '주周나라의 남은 백성, 하나 남김도 없네.'라고 하였는데, 이 말을 그대로 믿는다면, 주나라에 남은 백성이 하나도 없어야 할 것이네. 효자孝子의 일 가운데 중요한 것은 부모를 높이는 것보다 더 중요한 것이 없고, 부모를 높이는 일 가운데 천하의 부富로 봉양하는 것보다 더 큰 것이 없다네. 천자의 아버지가 된 것은 높이는 것 가운데 가장 높인 것이고, 천하의 부로 봉양한 것은 봉양하는 것 가운데 가장 큰 것이네. 『시경』에 '영원히 효도하고 사모하라 말하는데, 효도하고 사모하는 것은 지켜야 하는 법칙이라네.'라고 한 것은 이것을 가리켜 말한 것이네. 『서경』에서는 '공경하고 조심스럽게 고수를 만나, 조심스럽고 두려운 듯이 하자, 고수 또한 순을 믿고 따랐다.'라고 하였는데, 이것이 바로 아버지도 아들로 대할 수 없다는 것이네."

역자 해설

맹자가 「요전堯典」의 내용으로 인용하고 있는 구절은 현재 『서경書經』의 「순전舜典」에 실려 있다. 『금문상서』에는 「순전」이 독립해 있지 않고 「요전」에 합쳐져 있었는데, 맹자 당시에도 그와 같은 체제로 구성되어 있었던 것이라고 짐작할 수 있다.

다섯 번째

5

萬章曰, "堯以天下與舜, 有諸?"

孟子曰, "否. 天子不能以天下與人."

"然則舜有天下也, 孰與之?"

曰, "天與之."

"天與之者, 諄諄然命之乎?"

曰, "否. 天不言, 以行與事示之而已矣."

曰, "以行與事示之者如之何?"

曰, "天子能薦人於天, 不能使天與之天下. 諸侯能薦人於天子, 不能使天子與之諸侯. 大夫能薦人於諸侯, 不能使諸侯與之大夫. 昔者堯薦舜於天而天受之, 暴之於民而民受之, 故曰天不言, 以行與事示之而已矣."

曰, "敢問薦之於天而天受之, 暴之於民而民受之, 如何?"

曰, "使之主祭而百神享之, 是天受之. 使之主事而事治, 百姓安之, 是民受之也. 天與之, 人與之, 故曰天子不能以天下與人. 舜相堯二十有八載, 非人之所能爲也, 天也. 堯崩, 三年之喪畢, 舜避堯之子於南河之南. 天下諸侯朝覲者, 不之堯之子而之舜. 訟獄者, 不之堯之子而之舜. 謳歌者, 不謳歌堯之子而謳歌舜, 故曰天也. 夫然後之中國, 踐天子位焉. 而居堯之宮, 逼堯之子, 是篡也, 非天與也. 太誓曰, '天視自我民視, 天聽自我民聽', 此之謂也."

만장이 말하였다. "요堯가 천하를 순舜에게 주었다는데, 그런 일이 있었습니까?"

맹자가 말하였다. "아니네. 천자는 천하를 다른 사람에게 줄 수 없네."

만장이 말하였다. "그렇다면 순이 천하를 가지게 되었는데, 누가 준 것입니까?"

맹자가 말하였다. "천天이 준 것이네."

만장이 말하였다. "천이 주었다는 것은 말로 타이르듯 명령한 것입니까?"

맹자가 말하였다. "아니라네. 천은 말을 하지 않네. 덕행과 사업으로 보여줄 뿐이네."

만장이 말하였다. "덕행과 사업으로 보여준다는 것은 어떤 것입니까?"

맹자가 말하였다. "천자는 사람을 천에 추천할 수는 있지만, 천이 그에게 천하를 주도록 할 수는 없네. 제후는 사람을 천자에게 추천할 수는 있지만, 천자가 그에게 제후의 지위를 주도록 할 수는 없다네. 대부는 사람을 제후에게 추천할 수는 있지만, 제후가 그에게 대부의 지위를 주도록 할 수는 없네. 옛날 요가 순을 천에 추천하자 천이 받아들였고, 백성들에게 드러내 보여주자 백성들이 받아들였네. 그러므로 '천은 말을 하지 않는다. 덕행과 사업으로 보여줄 뿐이다.'라고 말하는 것이네."

만장이 말하였다. "감히 여쭙습니다. 천에 추천하자 천이 받아들였고, 백성들에게 드러내 보여주자 백성들이 받아들였다는 것은 어떤 것입니까?"

맹자가 말하였다. "그에게 제사를 주관하게 하였는데, 온갖 신神들이 흠향하였으니 이것은 천이 받아들인 것이네. 그에게 나라 일을 주관하도록 하자 일이 잘 처리되고, 백성들이 편안하였는데 이것은 백성들이 받아들인 것이네. 천이 주었고, 사람이 준 것이기 때문에 천자가 천하를 다른 사람에게 줄 수 없다고 한 것이네. 순舜이 요堯를 28년 동안 도왔는데, 이것은 사람의 힘으로 할 수 있는 것이 아니고, 천이 그렇게 한 것이네. 요가 세상을 떠나고, 삼년상을 마치자, 순은 요의 아들을 피해 남하南河의 남쪽으로 갔는데, 온 나라의 제후들이 조회할 때 요의 아들에게 가지 않고 순에게 갔으며, 송사訟事하는 사람들이 요의 아들에게 가지 않고 순에게 갔고, 덕을 칭송하며 노래하는 사람들이 요의 아들의 덕을 칭송하여 노래하지 않고 순의 덕을 칭송하여 노래하였다네. 그래서 천이 한 것이라 말하는 것이네. 이렇게 된 후에 순이 궁궐이 있는 도읍으로 가서 천자의 자리에 올랐다네. 만일 요의 궁궐에 거처하면서, 요의 아들을 핍박해 몰아냈다면, 그것은 천하를 빼앗은 것일 뿐, 천이 준 것이 아니네. 『서경』「태서太誓」에 '천은 우리 백성이 보는 것으로 보고, 천은 우리 백성이 듣는 것으로 듣는다.'라고 한 것이, 바로 이것을 말한 것이네."

역자 해설

남하南河는 요堯의 궁궐 남쪽에 있는 강을 가리킨다. 현재의 중국 산서성山西省 임분시臨汾市인데, 이곳이 요의 궁궐이 있었던 도읍, 곧 평양平陽이다. 요의 능陵 역시 이곳에 있다. 『서경』「주서周書」에서 인용한 마지막 구절은 주의 무왕이 상나라와 전면 전쟁을 시작하면서, 그 군대가 하남성의 맹진孟津 나루터를 건넌 후, 그곳에서 그 전쟁의 정당성에 대해 훈시한 내용이다. 모두 세 편으로, 상편은 나루를 건너기 전에, 중편은 나루를 건넌 직후, 하편은 나루를 떠나기 전에 진행한 훈시로 구성되어 있다. 하지만 이 내용은 『금문상서』에 없는 위고문에 속한다.

萬章問曰, "人有言, '至於禹而德衰, 不傳於賢而傳於子.' 有諸?"

孟子曰, "否, 不然也. 天與賢, 則與賢. 天與子, 則與子. 昔者舜薦禹於天, 十有七年, 舜崩. 三年之喪畢, 禹避舜之子於陽城. 天下之民從之, 若堯崩之後, 不從堯之子而從舜也. 禹薦益於天, 七年, 禹崩. 三年之喪畢, 益避禹之子於箕山之陰. 朝覲訟獄者不之益而之啓, 曰'吾君之子也.' 謳歌者不謳歌益而謳歌啓, 曰'吾君之子也.' 丹朱之不肖, 舜之子亦不肖. 舜之相堯, 禹之相舜也, 歷年多, 施澤於民久. 啓賢, 能敬承繼禹之道. 益之相禹也, 歷年少, 施澤於民未久. 舜·禹·益相去久遠, 其子之賢不肖, 皆天也, 非人之所能爲也. 莫之爲而爲者, 天也. 莫之致而至者, 命也. 匹夫而有天下者, 德必若舜禹, 而又有天子薦之者, 故仲尼不有天下. 繼世以有天下, 天之所廢, 必若桀紂者也, 故益·伊尹·周公不有天下. 伊尹相湯以王於天下. 湯崩, 太丁未立, 外丙二年, 仲壬四年. 太甲顚覆湯之典刑, 伊尹放之於桐. 三年, 太甲悔過, 自怨自艾. 於桐處仁遷義, 三年, 以聽伊尹之訓己也, 復歸于亳. 周公之不有天下, 猶益之於夏, 伊尹之於殷也. 孔子曰, '唐虞禪, 夏后·殷·周繼, 其義一也.'"

만장이 질문하였다. "사람들이 말하기를 '우禹에 이르러 덕이 쇠해지자, 천자의 지위를 현자賢者에게 전하지 않고 아들에게 전했다.'라고 하는데, 그 말이 사실입니까?"

맹자가 말하였다. "아니라네. 그렇지 않네. 천天이 현자에게 주면 현자에게 주는 것이고, 천이 아들에게 주면 아들에게 주는 것이네. 옛날에 순이 우를 천에 천거한 뒤 17년 만에 순이 세상을 떠났네. 우가 삼년상을 마치고 순의 아들을 피해 양성陽城으로 갔는데, 세상의 백성들이 그를 따랐다네. 그것은 요가 세상을 떠난 뒤에 요의 아들을 따르지 않고 순을 따른 것과 같았네. 우가 익益을 천에 천거한 후 7년 만에 우가 세상을 떠나자, 익이 삼년상을 마치고 우의 아들을 피해 기산箕山의 북쪽으로 갔는데, 조회하러 오는 제후와 소송하는 백성들이 익에게 가지 않고 계啓에게 가서 '우리 군주의 아들이다.'라고 하였으며, 덕을 칭송하며 노래하는 사람들이 익을 칭송하며 노래하지 않고, 계를 칭송하는 노래를 하면서 '우리 군주의 아들이다.'라고 하였네. 요의 아들 단주丹朱가 못났던 것처럼, 순의 아들 또한 못났었네. 순이 요를 도운 것과 우가 순을 도운 것은 그 햇수가 길어서, 백성들에게 은택을 베푼 지가 오래되었다네. 우의 아들 계는 현명하여 우의 도를 공경하며 계승할 수 있었네. 익이 우를 도운 것은 지나온 햇수가 짧아서 그만큼 백성들에게 은택을 베푼 지가 오래지 않았네. 순과 우와 익은 군주를 도운 기간에서 시간 차이가 크고, 그 아들의 현명하고 못난 것은 모두 천이 한 것이지, 사람이 할 수 있는 것이 아니라네. 하지 않았는데도 저절로 그렇게 되는 것은 천이 그렇게 한 것이고, 오라고 부르지 않았는데 이르는 것이 바로 명命이네. 필부로 천하를 가지는 사람은 그 덕이 반드시 순이나 우와 같아야 하고, 또 천자가 추천해야 하는데 그래서 공자는 천하를 가지지 못한 것이네. 대를 이어 천하를 차지하였는데도 천이 폐해 버리는 것은 반드시 폭군 걸桀이나 주紂와 같은 경우로, 그래서 익益이나 이윤伊尹, 주공周公은 천하를 차지하지 못한 것이네. 이윤은 탕湯을 도와 천하의 왕이 되도록 하였는데, 탕이 세상을 떠난 뒤에 태정太丁은 즉위하지 못하고 죽었고, 외병外丙은 재위 2년 만에 죽었으며, 중임仲壬은 재위 4년 만에 죽었네. 태정의 아들 태갑太甲이 즉위하였는데, 태갑은 탕이 세운 법도를 없애 버렸는데, 이윤은 그를 동桐 땅으로 추방하였네. 3년이 흐르면서 태갑이 자신의 과오를 뉘우치며, 자신을 원망하고 스스로 수양에 힘썼다네. 동 땅에서 인仁에 근거하고 의義를 실천한 지 3년 만에 이윤이 자기를 훈계한 것을 따랐으므로, 다시 박亳으로 돌아올 수 있었네. 주공이 천하를 차지하지 못한 것은, 하나라에서의 익이나 은나라에서의 이윤 같은 경우라네. 그래서 공자는 '요와 순은 현자에게 선양하였고, 하·은·주는 아들이 계승하였으나, 그 의미는 같다.'라고 말하였던 것이네."

일곱 번째

7

萬章問曰, "人有言'伊尹以割烹要湯', 有諸?"

孟子曰, "否, 不然. 伊尹耕於有莘之野, 而樂堯舜之道焉. 非其義也, 非其道也, 祿之以天下, 弗顧也. 繫馬千駟, 弗視也. 非其義也, 非其道也, 一介不以與人, 一介不以取諸人, 湯使人以幣聘之, 囂囂然曰, '我何以湯之聘幣爲哉? 我豈若處畎畝之中, 由是以樂堯舜之道哉?' 湯三使往聘之, 旣而幡然改曰, '與我處畎畝之中, 由是以樂堯舜之道, 吾豈若使是君爲堯舜之君哉? 吾豈若使是民爲堯舜之民哉? 吾豈若於吾身親見之哉? 天之生此民也, 使先知覺後知, 使先覺覺後覺也. 予, 天民之先覺者也. 予將以斯道覺斯民也. 非予覺之, 而誰也?' 思天下之民匹夫匹婦有不被堯舜之澤者, 若己推而內之溝中. 其自任以天下之重如此, 故就湯而說之以伐夏救民. 吾未聞枉己而正人者也, 況辱己以正天下者乎? 聖人之行不同也, 或遠或近, 或去或不去, 歸潔其身而已矣. 吾聞其以堯舜之道要湯, 未聞以割烹也. 伊訓曰, '天誅, 造攻自牧宮, 朕載自亳.'

만장이 질문하였다. "사람들이 '이윤은 요리를 가지고 탕湯에게 등용되기를 바랐다.'라고 말하는데, 그런 일이 있었습니까?"

맹자가 말하였다. "아니네, 그렇지 않네. 이윤은 유신有莘의 땅에서 밭을 갈면서 요堯와 순舜의 도를 즐겼네. 의義가 아니고 도道가 아니면, 천하를 녹봉으로 줘도 돌아보지 않았고, 천대의 수레에 말 4천 마리를 매어놓아도 돌아보지 않았다네. 의가 아니고 도가 아니면 사소한 것 하나라도 다른 사람에게 주지 않았고, 사소한 것 하나라도 다른 사람에게서 받지 않았네. 탕이 사람을 시켜 선물을 보내며 이윤을 초빙하자, 덤덤하게 '내가 탕이 초빙하는 선물을 받아서 무엇 하겠는가? 벼슬하는 것이 어떻게 내가 밭 가운데서 농사지으며, 이대로 요와 순의 도를 즐기는 것만 하겠는가?'라고 말하였네. 탕이 세 번이나 사람을 보내서 초빙하자, 겨우 마음을 바꿔 '내가 밭 가운데서 농사지으며 이대로 요와 순의 도를 즐기는 것이, 내가 이 군주를 요와 순 같은 훌륭한 군주가 되게 하는 것과 어떻게 같겠는가? 내가 이 백성이 요와 순 같은 훌륭한 군주의 백성이 되게 하는 것과 어떻게 같겠는가? 내가 그렇게 되는 것을 내 몸에서 직접 보는 것과 어떻게 같겠는가? 천이 이 백성을 내면서, 먼저 안 사람이 나중에 아는 사람을 깨우치도록 했고, 먼저 깨달은 사람이 나중에 깨달은 사람을 깨우치게 하였다. 나는 천이 낸 백성 가운데 먼저 깨달은 사람으로, 나는 이 도를 가지고 이 백성들을 깨우칠 것이다. 내가 이들을 깨우치지 않는다면 그 누가 하겠는가?'라고 말하였네. 세상의 백성들 가운데 한 남자와 한 여자라도 요와 순의 은택을 입지 못한 사람이 있으면, 마치 자신이 그들을 도랑 속으로 밀어 넣은 것처럼 생각하였네. 그가 세상의 중책을 자신의 임무로 여긴 것이 이와 같아서, 탕에게 가 그를 설득하여 하나라를 정벌하고 백성을 구제한 것이네. 나는 자신을 굽히면서 다른 사람을 바르게 하는 사람이 있다는 말도 들어보지 못했는데, 하물며 자신을 욕되게 하면서 천하를 바르게 한 사람이 있겠는가? 성인聖人의 행적은 똑같지 않아서, 혹은 멀리 떠나 은둔하기도 하고, 혹은 벼슬하여 군주 가까이 있기도 하며, 혹은 떠나기도 하고, 혹은 떠나지 않기도 하지만, 자신을 깨끗이 하는 것으로 귀결될 뿐이네. 나는 요와 순의 도를 가지고 탕에게 등용해주기를 요구했다는 말은 들었지만, 요리를 가지고 그렇게 했다는 말은 들어보지 못하였네. 『서경』 「이훈伊訓」에 '천이 벌하였는데, 걸桀의 궁전인 목궁牧宮에서 스스로 만든 것이며, 내가 박亳에 있을 때 시작되었다.'라고 하였네."

역자 해설

이윤伊尹과 탕湯의 만남에 관해서는 두 가지 시각이 있다. 하나는 이윤이 스스로 탕을 찾아가 자신을 기용해달라고 요청했다는 설이다. 먼저 이윤은 유신씨有莘氏의 딸이 상商의 도읍으로 시집갈 때 노복으로 수행할 것을 자원하였다. 그리고 가지고 간 솥과 도마를 사용해 만든 요리로 탕을 기쁘게 한 뒤에 탕을 설득할 수 있었다. 또 다른 시각은 맹자가 이야기하듯, 이윤이 탕에 의해 초빙되었다는 관점이다. 그렇게 등용된 후, 하나라를 멸망시키고 상나라를 개국하는 데 큰 역할을 했고, 개국 후에도 몇 대에 걸쳐 상의 왕들을 보좌하였다.

여덟 번째

8

萬章問曰, "或謂孔子於衛主癰疽, 於齊主侍人瘠環, 有諸乎?"

孟子曰, "否, 不然也. 好事者爲之也. 於衛主顔讎由. 彌子之妻與子路之妻, 兄弟也. 彌子謂子路曰, '孔子主我, 衛卿可得也.' 子路以告. 孔子曰, '有命.' 孔子進以禮, 退以義, 得之不得曰有命. 而主癰疽與侍人瘠環, 是無義無命也. 孔子不悅於魯衛, 遭宋桓司馬將要而殺之, 微服而過宋. 是時孔子當阨, 主司城貞子, 爲陳侯周臣. 吾聞觀近臣, 以其所爲主. 觀遠臣, 以其所主. 若孔子主癰疽與侍人瘠環, 何以爲孔子?"

만장이 물었다. "어떤 사람이 '공자가 위衛나라에서는 환관인 옹저癰疽의 집에 머물렀고, 제齊나라에서는 내시內侍인 척환瘠環의 집에 묵으셨다.'라고 말하는데, 그런 일이 있었습니까?"

맹자가 말하였다. "아니네, 그렇지 않네. 일 만들기 좋아하는 사람들이 만들어낸 말이네. 공자가 위나라에 있을 때는 안수유顔讐由의 집에 묵으셨네. 위나라 군주의 총신 미자彌子의 아내는 자로子路의 아내와 자매 사이여서, 미자가 자로에게 '공자께서 우리 집에 묵으시면 위나라의 경卿이 되실 수도 있습니다.'라고 말하였네. 자로가 이 말을 전하자, 공자는 '벼슬하는 것은 명命에 달려 있다.'라고 말씀하셨네. 공자는 예禮에 따라 나아가고 의義에 따라 물러나, 벼슬을 얻고 얻지 못하는 것은 '천명에 달려 있다.'라고 하였네. 그런데 환관 옹저나 내시 척환의 집에 머물렀다면, 이것은 의도 없고 명命도 없는 것이네. 공자는 노魯나라와 위나라에서 좋아하지 않았고, 송宋나라에서 마주친 사마司馬 환퇴桓魋는 공자를 죽이려고 해서, 평상복으로 바꿔 입고서야 송나라를 지나갔네. 이 시기 공자는 위급한 상황을 만나, 진陳나라 군주 주周의 신하인 사성정자司城貞子의 집에서 머물렀네. 나는 '조정의 가까운 신하는 자기 집에 누구를 묵게 하는지를 가지고 사람됨을 살필 수 있고, 먼 지방의 신하는 누구의 집에 묵는가를 가지고 사람됨을 살필 수 있다.'라고 들었네. 만일 공자가 총신 옹저와 내시 척환의 집에 머물렀다면, 어떻게 공자가 될 수 있겠는가?"

아홉 번째

9

萬章問曰, "或曰, '百里奚自鬻於秦養牲者, 五羊之皮, 食牛, 以要秦穆公.' 信乎?"

孟子曰, "否, 不然. 好事者爲之也. 百里奚, 虞人也. 晉人以垂棘之璧與屈產之乘, 假道於虞以伐虢, 宮之奇諫, 百里奚不諫. 知虞公之不可諫而去, 之秦, 年已七十矣, 曾不知以食牛干秦穆公之爲汙也, 可謂智乎? 不可諫而不諫, 可謂不智乎? 知虞公之將亡而先去之, 不可謂不智也. 時擧於秦, 知穆公之可與有行也而相之, 可謂不智乎? 相秦而顯其君於天下, 可傳於後世, 不賢而能之乎? 自鬻以成其君, 鄕黨自好者不爲, 而謂賢者爲之乎?"

만장이 질문하였다. "어떤 사람이 '백리해百里奚는 스스로 진秦나라의 제사희생을 기르는 사람에게 양가죽 다섯 장을 받고 자신을 팔아, 소를 기르면서 진나라 목공穆公에게 등용되기를 바랐다.'라고 말하는데, 믿을 만한 것입니까?"

맹자가 말하였다. "아니네, 그렇지 않네. 일 만들기 좋아하는 사람들이 만들어낸 말이네. 백리해는 우虞나라 사람이네. 진晉나라가 수극垂棘에서 생산되는 옥玉과 굴屈에서 나오는 말을 주고, 우나라의 길을 빌려 괵虢나라를 정벌하였는데, 궁지기宮之奇는 군주인 우공虞公에게 길을 빌려주지 말라고 이야기하였지만, 백리해는 아무 말도 하지 않았네. 백리해는 우공에게 이야기를 해도 듣지 않을 것을 알고 길을 떠나 진秦나라로 갔는데, 이때 나이가 이미 70세였네. 먼저 소를 먹이는 일로 진나라 목공에게 등용되기를 바라는 것이, 욕된 것인 줄 몰랐다면 그를 지혜롭다고 말할 수 있겠는가? 이야기해도 듣지 않을 것을 알고 이야기하지 않았으니, 지혜롭지 않다고 말할 수 있겠는가? 우공이 멸망할 것임을 알고 먼저 떠났으니, 지혜롭지 않다고 말할 수는 없을 것이네. 그때 진나라에 등용되어 목공이 일을 함께할 수 있는 사람임을 알아보고 그를 도왔으니, 지혜롭지 않다고 말할 수 있겠는가? 진나라의 재상이 되어 그 군주를 세상에 드러내고, 후세에 전할 수 있게 하였으니, 현명하지 않고 이렇게 할 수 있겠는가? 자신을 팔아 그 군주의 일을 완성하는 것은, 시골에서 자기 이름을 알리기 좋아하는 사람도 하지 않는 일인데, 백리해 같은 현자가 그런 짓을 했다고 말하는가?"

역자 해설

백리해百里奚는 우虞나라의 대부大夫였지만, 진晉나라 헌공獻公이 우나라를 멸망시키자 포로가 진晉나라로 잡혀갔다. 그런데 진晉나라에서 목희穆姬를 진秦나라에 시집보낼 때 수행인으로 따라가다, 초楚나라로 달아났지만 붙잡혀 노예가 되었다. 진秦나라의 목공穆公이 이 소식을 듣고 오고양피五羖羊皮, 곧 양 다섯 마리의 가죽을 주고 구매해 국정을 맡겼다는 일화도 전한다. 이런 까닭에 그를 '오고대부五羖大夫'라 부르기도 한다. 이때가 그의 나이 70세였다. 이렇듯 늦은 나이에 진나라 목공에게 발탁되면서 본격적으로 정치에 참여했지만, 목공을 보필해 진나라를 춘추오패 가운데 하나로 키워, 뒷날 통일제국 진秦의 토대를 만든 사람이다.

10. 만장장구萬章章句 하下

첫 번째

1

孟子曰, "伯夷, 目不視惡色, 耳不聽惡聲. 非其君不事, 非其民不使. 治則進, 亂則退. 橫政之所出, 橫民之所止, 不忍居也. 思與鄕人處, 如以朝衣朝冠坐於塗炭也. 當紂之時, 居北海之濱, 以待天下之淸也. 故聞伯夷之風者, 頑夫廉, 懦夫有立志. 伊尹曰, '何事非君? 何使非民?' 治亦進, 亂亦進. 曰, '天之生斯民也, 使先知覺後知, 使先覺覺後覺. 予, 天民之先覺者也. 予將以此道覺此民也.' 思天下之民匹夫匹婦有不與被堯舜之澤者, 若己推而內之溝中, 其自任以天下之重也. 柳下惠, 不羞汙君, 不辭小官. 進不隱賢, 必以其道. 遺佚而不怨, 阨窮而不憫. 與鄕人處, 由由然不忍去也.' 爾爲爾, 我爲我, 雖袒裼裸裎於我側, 爾焉能浼我哉?' 故聞柳下惠之風者, 鄙夫寬, 薄夫敦. 孔子之去齊, 接淅而行. 去魯, 曰, '遲遲吾行也.'

去父母國之道也. 可以速而速, 可以久而久, 可以處而處, 可以仕而仕, 孔子也."

孟子曰, "伯夷, 聖之淸者也. 伊尹, 聖之任者也. 柳下惠, 聖之和者也. 孔子, 聖之時者也. 孔子之謂集大成. 集大成也者, 金聲而玉振之也. 金聲也者, 始條理也. 玉振之也者, 終條理也. 始條理者, 智之事也. 終條理者, 聖之事也. 智, 譬則巧也. 聖, 譬則力也. 由射於百步之外也, 其至, 爾力也. 其中, 非爾力也."

맹자가 말하였다. "백이伯夷의 경우, 눈으로는 나쁜 색을 보지 않았고, 귀로는 나쁜 소리를 듣지 않았으며, 섬길 만한 군주가 아니면 섬기지 않았고, 이끌 만한 백성이 아니면 이끌지 않았습니다. 세상이 다스려질 것 같으면 나아가고 어지러우면 물러났으며, 잘못된 정치가 나오는 곳과 나쁜 백성들이 머무는 곳에는 참아가며 살지 않았습니다. 시골 사람과 같이 있는 것을 마치 관복을 입고 관모를 쓴 차림으로 진흙탕과 숯 위에 앉은 것처럼 생각하였습니다. 주紂의 시대를 맞아 북쪽 바닷가에 살면서 세상이 맑아지기를 기다렸는데, 그래서 백이의 기풍을 들은 사람들은 탐욕스러운 사람도 청렴해지고, 나약한 사람도 뜻을 세우게 되었습니다. 이윤伊尹은 '누구를 섬긴들 군주가 아니며, 누구를 부린들 백성이 아니겠는가?'라고 말하며, 세상이 다스려져도 나아가

고 어지러워도 나아갔습니다. 그러면서 '천天이 이 백성을 낼 때 먼저 안 사람이 나중에 아는 사람을 깨우치도록 했고, 먼저 깨달은 사람이 나중에 깨달은 사람을 깨우치게 하였으니, 나는 천이 낸 백성 가운데 먼저 깨달은 사람으로, 나는 이 도를 가지고 이 백성들을 깨우칠 것이다'라고 말하였습니다. 세상의 백성들 가운데 한 남자와 한 여자라도 요와 순의 은택을 입지 못한 사람이 있으면, 마치 자신이 그들을 도랑 속으로 밀어 넣은 것처럼 생각하였습니다. 그는 천하의 중책을 자신의 임무로 여긴 것입니다. 류하혜柳下惠는 더러운 군주 섬기는 것을 부끄러워하지 않았고, 낮은 벼슬을 사양하지 않았습니다. 벼슬에 나아가서는 현명함을 숨기지 않고, 반드시 자신의 도리를 다하였습니다. 벼슬에서 버려져 은거하게 되어도 원망하지 않았고, 곤궁해져도 걱정하지 않았으며, 시골 사람과 같이 있어도 유유자적하여, 떠나가지 않았습니다. 그러면서 '너는 너이고 나는 나인데, 네가 비록 내 옆에서 웃통을 벗고 있다고 해도, 네가 어떻게 나를 더럽힐 수 있겠는가?'라고 말하였습니다. 그래서 류하혜의 기풍을 들은 사람들은 속이 좁은 사람도 관대해지고, 각박한 사람도 후덕해집니다. 공자는 제齊나라를 떠날 때, 밥을 지으려고 씻던 쌀을 건져서 급히 떠났고, 노魯나라를 떠날 때는 '천천히 천천히 가자. 내 발걸음아!'라고 하였는데, 부모의 나라를 떠나는 도리였습니다. 빨리 떠날 만하면 빨리 떠나고, 오래 기다릴 만하면 오래 기다리며, 머무를 만하면 머무르고, 벼슬할 만하면 벼슬한 사람이 공자였습니다."

맹자가 다시 말하였다. "백이는 성인으로 청렴한 사람이고, 이윤은 성인으로 사명감이 있는 사람이며, 류하혜는 성인으로 조화를 이룬 사람이고, 공자는 성인으로 때에 맞게 행동한 사람입니다. 그래서 공자가 집대성集大成하였다고 말하는 것입니다. 집대성이라는 것은 쇠로 만든 종을 쳐서 소리를 낸 뒤에, 옥玉으로 만든 악기를 치는 것과 같습니다. 쇠로 만든 종소리는 음악을 시작하는 조리條理(이치)이고, 옥으로 만든 악기 소리는 음악을 마무리하는 조리(이치)입니다. 시작하는 조리(이치)는 지혜에 속하는 일이고, 마무리하는 조리(이치)는 성聖에 속하는 일입니다. 지혜는 비유하자면 기교이고, 성聖은 비유하자면 힘입니다. 100보步 밖에서 활을 쏘는 것과 같은데, 화살이 과녁에 도달하는 것은 그대의 힘이지만, 과녁에 명중하는 것은 그대의 힘만으로 되는 것이 아닙니다."

역자 해설

백이와 이윤, 류하혜, 공자를 서로 대비하는 것을 통해, 성인이 갖추어야 하는 덕목이 어떤 것인지, 그리고 공자가 왜 성인 가운데 집대성자라고 말할 수 있는지를 설명하고 있다. 백이와 이윤, 류하혜는 각각 청렴함과 사명감, 조화라는 특정 한 측면의 덕목을 충실하게 실천하였다면, 공자는 그와 같은 하나의 덕목에 제한되지 않았다는 점을 이야기한다. 후반부에서 이야기하는 쇠로 만든 종을 쳐서 음악을 시작하고, 옥으로 만든 악기를 쳐서 음악을 끝맺게 되는데, 그 사이에 쇠(金), 돌(石), 실(絲), 대나무(竹), 박(匏), 흙(土), 가죽(革), 나무(木)로 만든 8종류의 악기를 연주한다. 쇠로 만든 악기인 종에서 시작해 돌로 만든 경磬에서 하나의 곡이 끝맺어 완성되었으니, 이 8가지 악기가 가진 8가지 소리를 모두 모아 하나의 곡이 만들어진다.

두 번째
2

北宮錡問曰, "周室班爵祿也, 如之何?"

孟子曰, "其詳不可得聞也. 諸侯惡其害己也, 而皆去其籍. 然而軻也, 嘗聞其略也. 天子一位, 公一位, 侯一位, 伯一位, 子·男同一位, 凡五等也. 君一位, 卿一位, 大夫一位, 上士一位, 中士一位, 下士一位, 凡六等. 天子之制, 地方千里, 公侯皆方百里, 伯七十里, 子·男五十里, 凡四等. 不能五十里, 不達於天子, 附於諸侯, 曰附庸. 天子之卿受地視侯, 大夫受地視伯, 元士受地視子·男. 大國地方百里, 君十卿祿, 卿祿四大夫, 大夫倍上士, 上士倍中士, 中士倍下士, 下士與庶人在官者同祿, 祿足以代其耕也. 次國地方七十里, 君十卿祿, 卿祿三大夫, 大夫倍上士, 上士倍中士, 中士倍下士, 下士與庶人在官者同祿, 祿足以代其耕也. 小國地方五十里, 君十卿祿, 卿祿二大夫, 大夫倍上士, 上士倍中士, 中士倍下士, 下士與庶人在官者同祿, 祿足以代其耕也. 耕者之所獲, 一夫百畝. 百畝之糞, 上農夫食九人, 上次食八人, 中食七人, 中次食六人, 下食五人. 庶人在官者, 其祿以是爲差."

북궁기北宮錡가 물었다. "주周나라 왕실에서 작위와 녹봉은 어떻게 구분되었습니까?"

맹자가 말하였다. "그 상세한 내용은 듣지 못했습니다. 제후들이 자신들에게 해가 되는 것을 싫어해, 그 문서를 모두 없애버렸습니다. 그러나 나는 언젠가 그 대략을 들은 적이 있습니다. 천자天子가 한 작위, 공公이 한 작위, 후侯가 한 작위, 백伯이 한 작위, 자子와 남男이 똑같이 한 작위로, 모두 5등급이었습니다. 제후의 나라에서는 군君이 한 작위, 경卿이 한 작위, 대부大夫가 한 작위, 상사上士가 한 작위, 중사中士가 한 작위, 하사下士가 한 작위로, 모두 6등급이었습니다. 천자天子의 제도에서 그 땅은 사방 1,000리이고, 공公과 후侯는 모두 사방 100리이며, 백伯은 사방 70리이고, 자子와 남男은 사방 50리로, 모두 4등급이었습니다. 50리가 못 되는 작은 나라는 천자와 직접 연계되지 못하고 제후에 부속되는데, 이것을 부용附庸이라 합니다. 천자의 경卿이 받는 봉지는 후侯와 같고, 대부大夫가 받는 봉지는 백伯과 같으며, 원사元士가 받는 봉지는 자子 · 남男과 같습니다. 큰 제후의 나라는 땅이 사방 100

리인데, 그 군주는 경이 받는 녹봉의 10배이고, 경이 받는 녹봉은 대부의 4배이며, 대부가 받는 녹봉은 상사上士의 배이고, 상사가 받는 녹봉은 중사中士의 배이고, 중사가 받는 녹봉은 하사下士의 배이고, 하사와 서인庶人으로 관직에 있는 사람은 녹봉이 같은데, 녹봉은 농사를 짓는 것을 충분히 대신할 수 있었습니다. 그 다음 나라는 땅이 사방 70리인데, 군주는 경이 받는 녹봉의 10배이고, 경이 받는 녹봉은 대부의 3배이고, 대부가 받는 녹봉은 상사의 배이고, 상사가 받는 녹봉은 중사의 배이고, 중사가 받는 녹봉은 하사의 배이고, 하사와 서인으로 관직에 있는 사람은 녹봉이 같은데, 녹봉은 농사를 짓는 것을 충분히 대신할 수 있었습니다. 작은 나라는 땅이 사방 50리인데, 군주는 경이 받는 녹봉의 10배이고, 경이 받는 녹봉은 대부의 2배이며, 대부가 받는 녹봉은 상사의 배이고, 상사가 받는 녹봉은 중사의 배이며, 중사가 받는 녹봉은 하사의 배이고, 하사와 서인으로 관직에 있는 사람은 녹봉이 같은데, 녹봉은 농사를 짓는 것을 충분히 대신할 수 있었습니다. 농사를 짓는 농민의 소득은 한 가장家長이 100묘畝를 받았는데, 100묘의 땅에 거름을 뿌려 가꾼다면, 상농부上農夫는 아홉 사람을 먹일 수 있고, 상농부의 다음은 여덟 사람을 먹일 수 있으며, 중농부中農夫는 일곱 사람을 먹일 수 있고, 중농부의 다음은 여섯 사람을 먹일 수 있으며, 하농부下農夫는 다섯 사람을 먹일 수 있었습니다. 평민으로 관직에 있는 사람의 녹봉은 이것을 기준으로 차등을 두었습니다."

역자 해설

『예기禮記』「왕제王制」에도 이 장절과 유사한 내용이 기록되어 있다.

세 번째

3

萬章問曰, "敢問友."

孟子曰, "不挾長, 不挾貴, 不挾兄弟而友. 友也者, 友其德也, 不可以有挾也. 孟獻子, 百乘之家也, 有友五人焉, 樂正裘 · 牧仲, 其三人, 則予忘之矣. 獻子之與此五人者友也, 無獻子之家者也. 此五人者, 亦有獻子之家, 則不與之友矣. 非惟百乘之家爲然也. 雖小國之君亦有之. 費惠公曰, '吾於子思, 則師之矣. 吾於顔般, 則友之矣. 王順 · 長息則事我者也.' 非惟小國之君爲然也, 雖大國之君亦有之. 晉平公之於亥唐也, 入云則入, 坐云則坐, 食云則食. 雖疏食菜羹, 未嘗不飽, 蓋不敢不飽也. 然終於此而已矣. 弗與共天位也, 弗與治天職也, 弗與食天祿也, 士之尊賢者也, 非王公之尊賢也. 舜尙見帝, 帝館甥于貳室, 亦饗舜, 迭爲賓主, 是天子而友匹夫也. 用下敬上, 謂之貴貴. 用上敬下, 謂之尊賢. 貴貴 · 尊賢, 其義一也."

만장이 물었다. "감히 벗을 사귀는 것에 대해 질문 드립니다."

맹자가 말하였다. "나이가 많다는 것을 내세우지 않고, 신분이 높다는 것을 내세우지 않으며, 형제의 권력을 내세우지 않아야 하네. 벗을 사귄다는 것은 그 사람의 덕德을 사귀는 것으로, 내세우는 것이 있어서는 안 된다네. 맹헌자孟獻子는 전차 백 대를 가진 백승百乘의 집안으로, 다섯 명의 벗이 있었는데, 악정구樂正裘와 목중牧仲이고, 나머지 세 사람은 내가 이름을 잊어버렸네. 맹헌자가 이 다섯 사람과 사귀면서, 자신의 집안을 내세우는 것이 없었네. 이 다섯 사람 또한 맹헌자의 집안을 의식하였다면 그와 사귀지 않았을 것이네. 오직 전차 백 대를 가진 백승의 집안만이 그렇게 친구를 사귄 것이 아니었다네. 비록 작은 나라의 군주이지만, 또 그와 같은 경우가 있는데, 비費의 혜공惠公은 '내가 자사子思는 스승으로 대했고, 안반顔般은 벗으로 삼았으며, 왕순王順과 장식長息은 나를 섬기는 사람들이다.'라고 말하였네. 오직 작은 나라의 군주만 그랬던 것이 아니라, 큰 나라의 군주도 그와 같은 경우가 있었네. 진晉나라 평공平公은 해당亥唐을 대할 때에, 그가 들어오라고 하면 들어가고, 앉으라고 하면 앉으며, 먹으라고 하면 먹었고, 비록 거친 밥과 나물국이라도 배불리 먹지 않은 때가 없었는데, 감히 배불리 먹지 않을 수가 없었던 것이네. 그러나 결국 이것뿐이었고, 천이 준 지위를 그와 함께하지는 않았으며, 천이 준 직책을 그와 함께하며 다스리지도 않았고, 천이 준 녹봉을 그와 함께 나눠 먹지도 않았는데, 이것은 사士가 현자賢者를 존경하는 태도이지, 왕공王公이 현자를 존경하는 태도가 아니라네. 순舜이 올라가 요堯를 만나자, 요는 사위 순을 별궁別宮에 머무르도록 하고, 또 순에게 잔치를 열어 대접하며 번갈아 손님과 주인이 되었으니, 이것은 천자가 평민을 친구로 사귄 것이네. 아랫사람으로 윗사람을 공경하는 것을 '귀한 사람을 귀하게 대한다(貴貴).'라고 하고, 윗사람으로서 아랫사람을 공경하는 것을 '현인을 존경한다(尊賢).'라고 하는데, 귀한 사람을 귀하게 대하는 것과 현인을 존경하는 것은 그 뜻이 한가지라네."

역자 해설

맹헌자孟獻子는 노魯나라의 경卿으로, 노나라의 국정을 농단하고 있던 세 가문, 곧 맹손씨孟孫氏, 숙손씨叔孫氏, 계손씨季孫氏 가운데 맹손씨 가문이다. 그 나라에서 최고의 권력을 가진 가문 출신이라는 점으로 벗을 사귀지 않았다는 것을 보여준다.

네 번째

4

萬章問曰, "敢問交際何心也?"

孟子曰, "恭也."

曰, "卻之卻之爲不恭, 何哉?"

曰, "尊者賜之, 曰'其所取之者, 義乎, 不義乎", 而後受之, 以是爲不恭, 故弗卻也."

曰, "請無以辭卻之, 以心卻之, 曰'其取諸民之不義也', 而以他辭無受, 不可乎?"

曰, "其交也以道, 其接也以禮, 斯孔子受之矣."

萬章曰, "今有禦人於國門之外者, 其交也以道, 其餽也以禮, 斯可受禦與?"

曰, "不可. 康誥曰, '殺越人于貨, 閔不畏死, 凡民罔不譈.' 是不待教而誅者也. 殷受夏, 周受殷, 所不辭也. 於今爲烈, 如之何其受之?"

曰, "今之諸侯取之於民也, 猶禦也. 苟善其禮際矣, 斯君子受之, 敢問何說也?"

曰, "子以爲有王者作, 將比今之諸侯而誅之乎? 其教之不改而後誅之乎? 夫謂非其有而取之者盜也, 充類至義之盡也. 孔子之仕於魯也, 魯人獵較,* 孔子亦獵較. 獵較猶可, 而況受其賜乎?"

曰, "然則孔子之仕也, 非事道與?"

曰, "事道也."

"事道奚獵較也?"

曰, "孔子先簿正祭器, 不以四方之食供簿正."

曰, "奚不去也?"

曰, "爲之兆也. 兆足以行矣, 而不行, 而後去, 是以未嘗有所終三年淹也. 孔子有見行可之仕, 有際可之仕, 有公養之仕也. 於季桓子, 見行可之仕也, 於衛靈公, 際可之仕也, 於衛孝公, 公養之仕也."

* 엽각獵較, 사냥 시합으로, 사냥에서 잡은 짐승을 비교하여 많이 잡은 사람이 적게 잡은 사람의 사냥물을 획득하게 되고, 그 획득한 짐승을 제물로 쓰게 된다.

만장이 물었다. "감히 여쭙습니다. 제후들과의 교제는 어떤 마음으로 해야 합니까?"

맹자가 말하였다. "공손함으로 해야 하네."

만장이 말하였다. "군주가 보내온 예물을 사양하며, 받지 않고 되돌려 보내는 것을 왜 공손하지 않다고 하는 것입니까?"

맹자가 말하였다. "지위가 높은 사람이 선물을 주는데, 그가 이 예물을 얻은 방법이 옳았는지, 옳지 않았는지를 따신 후에 받으면 공손하지 않다고 말하는 것이네. 그래서 되돌려 보내지 않는 것이라네."

만장이 말하였다. "말로 거절하며 보내는 것이 아니라, 마음속으로 거절하며, '그가 백성들에게서 취득한 것이 의롭지 못하다.' 라고 생각하면서, 다른 말을 구실로 삼아 받지 않아도 안 되는 것입니까?"

맹자가 말하였다. "그가 법도에 맞게 사귀고, 그가 예절에 맞게 대접한다면, 이런 경우에는 공자도 받으셨네."

만장이 말하였다. "지금 성문 밖에서 길을 가로막고 강도질을 하는 사람이 있는데, 그런 사람도 법도에 맞게 사귀고, 예절에 맞게 선물을 보내온다면, 그렇게 길을 가로막고 강도질을 해 빼앗은 물건을 받아도 되는 것입니까?"

맹자가 말하였다. "받아서는 안 되네. 『서경』「강고康誥」에 '사람을 죽여 그 재물을 빼앗고도, 포악해서 죽음을 두려워하지 않는 사람을 백성들이 미워하지 않는 이가 없다.'라고 하였는데, 이런 사람은 굳이 교화할 것도 없이 죽일 수 있는 사람이네. 은殷나라는 그 법을 하夏나라로부터 이어받았고, 주周나라는 은나라로부터 이어받았는데, 그것은 말로 설명할 필요가 없는 것이네. 그 법이 지금도 분명하게 남아있는데, 어떻게 그것을 받을 수 있겠는가?"

만장이 말하였다. "지금의 제후들이 백성들로부터 재물을 빼앗는 것이, 길을 가로막고 강도질을 하는 것과 마찬가지인데, 만일 그가 예절에 맞게 대접하는 것을 잘한다면, 군자도 그의 선물을 받는다니, 무슨 말씀인지 감히 묻습니다."

맹자가 말하였다. "자네 생각에 진정한 왕이 나온다면, 지금의 제후들을 모두 죽여 버리겠는가? 가르쳤는데도 고치지 않으면 죽이겠는가? 자신의 소유가 아닌데 취해 가지는 사람을 도둑이라 부르지만, 비슷한 종류를 추론해 의義를 너무 지나치게 적용한 것이네. 공자가 노나라에서 관리로 있을 때 노나라 사람들이 사냥을 겨루는 대회인 엽각獵較을 하면, 공자 또한 엽각을 하였으니, 엽각도 가능한데, 군주가 주는 것을 받을 수는 있지 않겠는가?"

만장이 말하였다. "그렇다면 공자께서 벼슬하신 것은 도를 실천하기 위한 것이 아니었습니까?"

맹자가 말하였다. "도를 실천하기 위한 것이었네."

"도를 실천하려고 했는데, 무엇 때문에 엽각은 그냥 따랐습니까?"

맹자가 말하였다. "공자께서 먼저 장부에 제기祭器를 바르게 하고, 사방의 음식을 공급하지 않도록 장부로 바르게 하셨네."

만장이 말하였다, "노나라에 도가 시행되지 않았는데, 왜 공자께서는 떠나지 않았습니까?"

맹자가 말하였다. "도를 실천할 수 있는 토대를 마련하려는 것이었네. 실천할 수 있는 토대는 충분히 마련되었는데도, 제후가 실천하지 않으면 떠나셨으니, 이 때문에 3년이 넘도록 한 나라에 머문 일이 없었던 것이네. 공자는 실천 가능한 것을 보고 오른 벼슬이 있고, 교제할 수 있어서 오른 벼슬이 있으며, 존중하며 공양하는 것이 있어 오른 벼슬이 있었네. 계환자季桓子에게서는 실천 가능한 것을 보고 오른 벼슬이었고, 위衛나라 영공靈公에게서는 교제할 수 있어서 오른 벼슬이었으며, 위나라 효공孝公에게서는 존중하며 공양하는 것이 있어 오른 벼슬이었네."

역자 해설

『춘추』와 『사기』에 근거해 보자면, 마지막 구절의 위나라 효공은 존재하지 않는다. 위나라에는 효공이라는 시호를 가진 제후가 없는데, 주희는 위나라 영공의 아들인 출공出公 첩輒을 가리킨다고 말한다. 출공 시절 공자가 위나라에 거주하였기 때문이다.

다섯번째

5

孟子曰, "仕非爲貧也, 而有時乎爲貧. 娶妻非爲養也, 而有時乎爲養. 爲貧者, 辭尊居卑, 辭富居貧. 辭尊居卑, 辭富居貧, 惡乎宜乎? 抱關擊柝. 孔子嘗爲委吏矣, 曰'會計當而已矣'. 嘗爲乘田矣, 曰'牛羊茁壯, 長而已矣'. 位卑而言高, 罪也. 立乎人之本朝, 而道不行, 恥也"

맹자가 말하였다. "벼슬하는 것이 가난에서 벗어나기 위한 것은 아니지만, 어떤 때는 가난에서 벗어나기 위해 벼슬에 오릅니다. 아내를 얻는 것은 부모의 봉양을 위한 것은 아니지만, 어떤 때는 봉양을 위해 아내를 얻습니다. 가난에서 벗어나기 위해 벼슬하는 사람은 높은 자리를 사양하고 낮은 자리에 있어야 하며, 녹봉이 많은 자리를 사양하고 녹봉이 적은 자리에 있어야 합니다. 높은 자리를 사양하고 낮은 자리에 있으며, 녹봉이 많은 자리를 사양하고 녹봉이 적은 자리에 있어야 한다면, 어떤 자리가 마땅할까요? 관문關門을 지키는 문지기나, 목탁木柝 치며 순찰하는 야경꾼이 적당합니다. 공자가 창고를 관리하는 위리委吏가 되었는데,

'회계會計를 담당할 뿐이다.'라고 말하였고, 가축을 관리하는 승전乘田이 되어서는 '소와 양을 무럭무럭 잘 자라게 할 뿐이다.'라고 말하였습니다. 지위가 낮으면서 나라의 큰일을 논하는 것은 죄를 짓는 것이고, 조정에 벼슬하면서 도가 행해지지 않는 것은 부끄러운 일입니다."

역자 해설

노나라 소공 11년(기원전 531년)을 전후해 공자는 20세 초반이었고, 이때 공자는 처음으로 이곳 맹자가 이야기하는 것처럼 가난에서 벗어나기 위해 벼슬에 오르는데, 그 벼슬이 바로 위리와 승전이라는 낮은 자리였다. 위리委吏는 창고의 회계를 담당하는 관리를 가리키고, 승전은 가축을 담당하는 관리를 가리킨다. 『공자가어』에도 승전과 위리의 벼슬에 오른 공자의 이야기가 기록되어 있다. 본래 벼슬은 도를 실천하기 위해서인데, 도를 실천해야 할 높은 자리에 있으면서, 도를 실천하지 않거나 도가 실행되지 않는데 녹봉만 받는 것을 부끄러워해야 한다고 맹자는 지적하고 있다.

여섯 번째 6

萬章曰, "士之不託諸侯, 何也?"

孟子曰, "不敢也. 諸侯失國, 而後託於諸侯, 禮也. 士之託於諸侯, 非禮也."

萬章曰, "君餽之粟, 則受之乎?"

曰, "受之."

"受之何義也?"

曰, "君之於氓也, 固周之."

曰, "周之則受, 賜之則不受, 何也?"

曰, "不敢也."

曰, "敢問其不敢何也?"

曰, "抱關擊柝者, 皆有常職以食於上. 無常職而賜於上者, 以爲不恭也."

曰, "君餽之, 則受之, 不識可常繼乎?"

曰, "繆公之於子思也, 亟問, 亟餽鼎肉. 子思不悅. 於卒也, 摽使者出諸大門之外, 北面稽首再拜而不受.

曰, '今而後知君之犬馬畜伋.' 蓋自是臺無餽也. 悅賢不能擧, 又不能養也, 可謂悅賢乎?"

曰, "敢問國君欲養君子, 如何斯可謂養矣?"

曰, "以君命將之, 再拜稽首而受. 其後廩人繼粟, 庖人繼肉, 不以君命將之. 子思以爲鼎肉, 使己僕僕爾亟拜也, 非養君子之道也. 堯之於舜也, 使其子九男事之, 二女女焉, 百官牛羊倉廩備, 以養舜於畎畝之中, 後擧而加諸上位. 故曰王公之尊賢者也."

만장이 말하였다. "사士가 제후에게 의탁하지 않는 것은 무엇 때문입니까?"

맹자가 말하였다. "감히 그렇게 하지 못하는 것이네. 제후가 자기 나라를 잃은 뒤, 다른 제후에게 의탁하는 것은 예禮에 맞지만, 사士가 제후에게 의탁하는 것은 예가 아니라네."

만장이 말하였다. "군주가 곡식을 주면 그것을 받습니까?"

맹자가 말하였다. "받는다네."

만장이 말하였다. "받는 것은 무슨 도리입니까?"

맹자가 말하였다. "군주는 백성을 본래 구제하는 것이네."

만장이 말하였다. "군주가 구제하면 받고, 내려 주는 것은 받지 않는데, 무엇 때문입니까?"

맹자가 말하였다. "감히 그렇게 하지 못하는 것이네."

만장이 말하였다. "감히 여쭙습니다만, 감히 그렇게 하지 못하는 것은 무엇 때문입니까?"

맹자가 말하였다. "관문을 지키는 문지기나 목탁木柝을 치는 야경꾼도 모두 일정한 직무가 있어서, 윗사람에게서 녹봉을 받아먹지만, 일정한 직무가 없으면서 윗사람에게서 받기만 하는 것은 공손하지 못하다고 여기는 것이네."

만장이 말하였다. "군주가 선물을 주면 받는다고 하셨는데, 계속 받아도 되는지 모르겠습니다."

맹자가 말하였다. "노魯나라 목공繆公이 자사子思에게 자주 안부를 물으며 삶은 고기를 보내왔지만, 자사는 기뻐하지 않았네. 결국에는 군주가 보낸 사자使者에게 손짓하여 대문 밖으로 내보내고는, 군주가 있는 북쪽을 향해 머리를 조아려 두 번 절한 다음, 보내온 고기를 받지 않으면서, '이제 군주가 나를 개나 말처럼 먹이고 있다는 것을 알았다.'라고 말하였네. 이후로 군주의 사자가 선물을 가져오는 일이 없어졌네. 현자를 좋아하면서도 등용하지 않고, 또 공양하지도 않는다면, 어떻게 현자를 좋아한다고 말할 수 있겠는가?"

만장이 말하였다. "감히 여쭙습니다만, 한 나라의 군주가 군자를 공양하려면 어떻게 해야 공양한다고 말할 수 있습니까?"

맹자가 말하였다. "군주의 명령으로 보내오면, 두 번 절하고 머리를 조아리며 받는다네. 그 후에 창고지기는 곡식을 계속 보내고, 푸줏간 사람은 고기를 계속 보내지만, 보낼 때마다 군주의 명령으로 보내는 것은 아니라네. 자사는 삶은 고기로 자신을 번거롭게 절하도록 하는 것이 군자를 공양하는 도리가 아니라고 생각한 것이네. 요堯는 자신의 아홉 아들에게 순舜을 섬기도록 하고 두 딸을 시집보내셨으며, 여러 관리(百官)와 소, 양 그리고 창고를 마련하여 순을 밭 가운데서 공양하게 하였고, 뒤에 그를 등용하여 가장 윗자리를 주었네. 그래서 이것을 왕공王公이 현자를 존중한 것이라고 말하는 것이네."

역자 해설

자사子思는 성이 공孔이고, 이름은 급伋으로 공자의 손자이자, 공자의 아들인 공리孔鯉의 아들이다. 3세에 아버지인 공리가 먼저 죽고, 5세 때에 조부인 공자가 세상을 떠났다. 이후 공자의 제자인 증삼曾參의 가르침을 받았고, 그것은 다시 그의 제자인 맹자孟子로 이어졌다고 알려져 있다. 하지만 맹자가 자사의 문하에서 직접 가르침을 받기에는 두사람의 나이 차이가 너무 크다.

일곱 번째

7

萬章曰, "敢問不見諸侯, 何義也?"

孟子曰, "在國曰市井之臣, 在野曰草莽之臣, 皆謂庶人. 庶人不傳質爲臣, 不敢見於諸侯, 禮也."

萬章曰, "庶人, 召之役, 則往役. 君欲見之, 召之, 則不往見之, 何也?"

曰, "往役, 義也. 往見, 不義也. 且君之欲見之也, 何爲也哉?"

曰, "爲其多聞也, 爲其賢也."

曰, "爲其多聞也, 則天子不召師, 而況諸侯乎? 爲其賢也, 則吾未聞欲見賢而召之也. 繆公亟見於子思, 曰, '古千乘之國以友士, 何如?' 子思不悅, 曰, '古之人有言, 曰事之云乎, 豈曰友之云乎?' 子思之不悅也, 豈不曰, '以位, 則子, 君也. 我, 臣也. 何敢與君友也? 以德, 則子事我者也. 奚可以與我友?' 千乘之君求與之友, 而不可得也, 而況可召與? 齊景公田, 招虞人以旌, 不至, 將殺之. 志士不忘在溝壑, 勇士不忘喪其元. 孔子奚取焉? 取非其招不往也."

曰, "敢問招虞人何以?"

曰, "以皮冠. 庶人以旃, 士以旂, 大夫以旌. 以大夫之招招虞人, 虞人死不敢往. 以士之招招庶人, 庶人豈敢往哉. 況乎以不賢人之招招賢人乎? 欲見賢人而不以其道, 猶欲其入而閉之門也. 夫義, 路也. 禮, 門也. 惟君子能由是路, 出入是門也. 詩云, '周道如底, 其直如矢. 君子所履, 小人所視.'"

萬章曰, "孔子, 君命召, 不俟駕而行. 然則孔子非與?"

曰, "孔子當仕有官職, 而以其官召之也."

만장이 말하였다. "감히 여쭙습니다. 제후를 만나지 않는 것은 무슨 뜻이 있어서입니까?"

맹자가 말하였다. "나라의 도성에 있으면 시정市井의 신하라 부르고, 초야에 있으면 초망草莽의 신하라 부르는데, 모두 서인庶人을 말하는 것이네. 예물을 올려 신하가 되지 않으면, 함부로 제후를 만나지 않는 것이 예禮이네."

만장이 말하였다. "서인은 군주가 부역에 부르면, 부역하러 가지만, 군주가 만나려고 부르면 가서 만나지 않는데, 그것은 무엇 때문입니까?"

맹자가 말하였다. "부역하러 가는 것은 의義이지만, 가서 만나는 것은 의가 아니기 때문이네. 그리고 군주가 만나 보려고 하는 것은 무엇 때문이겠는가?"

만장이 말하였다. "그가 아는 것이 많고, 그가 현자이기 때문입니다."

맹자가 말하였다. "아는 것이 많기 때문이라면, 천자도 스승을 불러 만나지 않는데, 하물며 제후가 그렇게 할 수 있겠는가? 현자이기 때문이라면, 나는 현자를 만나보고 싶어 그를 불렀다는 말은 들어보지 못했네. 노나라 목공이 자주 자사를 만나 '옛날에는 천 대의 전차를 가진 나라의 군주가 사士와 벗으로 사귀었다고 하는데, 어떻습니까?'라고 말하자, 자사가 불쾌해하며 '옛사람이 한 말이 있는데, 섬겼다고 말해야지, 어떻게 벗으로 사귀었다고 말하겠습니까?'라고 하셨네. 자사가 불쾌해한 것은 '지위로 보면 그대는 군주이고 나는 신하인데 어떻게 감히 군주와 벗할 수 있겠는가, 하지만 덕으로 보면 그대는 나를 섬겨야 하는 사람인데 어떻게 나와 벗으로 사귈 수 있겠는가?'라고 생각해서 한 말이 아니겠는가? 천 대의 전차를 가진 나라의 군주가 그와 벗으로 사귈 것을 요구하였는데도 그렇게 할 수 없었는데, 어떻게 그를 불러서 만날 수 있겠는가? 제나라 경공이 사냥을 나가, 정旌으로 사냥터를 관리하는 우인虞人을 불렀는데, 오지 않자 그를 죽이려 하였네. 공자는 '지사志士는 죽어서 골짜기에 버려질 것을 잊지 않고, 용사勇士는 목숨 잃을 것을 각오한다.'라고 말씀하셨는데, 공자는 여기에서 무엇을 취한 것인가? 올바르게 부르지 않으면 가지 않은 뜻을 취한 것이네."

만장이 말하였다. "감히 여쭙습니다. 우인을 부를 때는 어떻게 합니까?"

맹자가 말하였다. "사냥할 때 쓰는 피관皮冠으로 부르네. 서인庶人은 전旃이라는 깃발로 부르고, 사士는 기旂라는 깃발로 부르고, 대부大夫는 정旌이라는 깃발로 부른다네. 대부를 부르는 정으로 우인을 부르자 우인은 죽어도 감히 가지 못했는데, 사를 부르는 방법으로 서인을 부른다면, 서인이 어떻게 갈 수 있겠는가? 더욱이 현명하지 않은 사람을 부르는 방법으로 현인賢人을 부를 수 있겠는가? 현인을 만나고 싶어 하면서 올바른 방법으로 부르지 않는다면 그가 들어오기를 바라면서, 그가 들어올 문을 닫아 버리는 것과 같다네. 의義는 가야 할 길이고, 예禮는 출입하는 문이니, 오직 군자만이 이 길로 다닐 수 있고, 이 문을 출입할 수 있네. 『시경』 「대동大東」에 '주나라의 길이 숫돌처럼 평평하고, 그 곧기는 화살 같구나. 군자가 밟고 가는 것이고 소인이 우러러보며 본받는 것이다.'라고 하였네."

만장이 말하였다. "공자는 군주가 명령하여 부르면, 수레가 준비되기를 기다리지 않고 급히 달려가셨는데, 그렇다면 공자는 잘못한 것입니까?"

맹자가 말하였다. "공자는 당시 벼슬에 올라 관직이 있었는데, 군주가 그 관직으로 불렀기 때문이네."

역자 해설

제후라고 하더라도 현자를 함부로 불러 만날 수 없고, 예에 맞게 정당한 방법으로 초빙하지 않는다면, 군자는 제후를 만나러 가지 않는다는 점을 설명하고 있다.

여덟 번째

8

孟子謂萬章曰, "一鄉之善士, 斯友一鄉之善士. 一國之善士, 斯友一國之善士. 天下之善士, 斯友天下之善士. 以友天下之善士爲未足, 又尙論古之人. 頌其詩, 讀其書, 不知其人, 可乎? 是以論其世也. 是尙友也."

맹자가 만장에게 말하였다. "한 고을의 훌륭한 사士는 한 고을의 훌륭한 사를 벗으로 사귀고, 한 나라의 훌륭한 사는 한 나라의 훌륭한 사와 벗으로 사귀며, 세상의 훌륭한 사는 세상의 훌륭한 사와 벗으로 사귀네. 세상의 훌륭한 사를 벗으로 사귀는 것으로도 만족스럽지 않으면, 다시 옛사람을 숭상하여 논하게 되네. 그의 시詩를 외우며 그의 글을 읽으면서도, 그 사람을 알지 못한다는 것이 가능하겠는가? 이 때문에 그들이 살았던 세상을 논하는 것인데, 이것은 고상한 사람을 벗으로 사귀는 것이네."

역자 해설

'상우尙友'는 '상지尙志'와 함께 맹자가 제시하는 주요한 수양의 공부방법이다. 위대한 성현과 같은 고상한 사람을 그가 남긴 시서詩書를 읽으며 벗으로 사귀는 것을 가리킨다. 삶이 나아가야 할 방향이나 지향을 바로 '상지'와 '상우'를 통해 배우고 정립하게 된다.

아홉 번째

9

齊宣王問卿. 孟子曰, "王何卿之問也?"

王曰, "卿不同乎?"

曰, "不同. 有貴戚之卿, 有異姓之卿."

王曰, "請問貴戚之卿."

曰, "君有大過則諫, 反覆之而不聽, 則易位."

王勃然變乎色. 曰, "王勿異也. 王問臣, 臣不敢不以正對."

王色定, 然後請問異姓之卿. 曰, "君有過則諫, 反覆之而不聽, 則去."

제齊나라 선왕宣王이 경卿에 관해 묻자, 맹자가 말하였다. "왕께서는 어떤 경에 관해 물으십니까?"

왕이 말하였다. "경이 모두 같지 않습니까?"

맹자가 말하였다. "같지 않습니다. 군주와 성姓이 같아 친척이 되는 귀척貴戚의 경이 있고, 군주와 성이 다른 경이 있습니다."

"귀척의 경에 관해 묻습니다."

맹자가 말하였다. "군주에게 큰 잘못이 있으면 잘못을 고치라고 이야기하고, 반복해 고치라 이야기해도 듣지 않으면 군주를 다른 사람으로 바꿉니다."

왕이 화가나 얼굴빛을 바꾸자, 맹자가 말하였다. "왕께서는 이상하게 생각하지 마십시오. 왕께서 물으시는데, 신이 감히 바르게 대답하지 않을 수 없었습니다."

왕의 얼굴빛이 진정된 후에, 군주와 성이 다른 경에 관해 묻자, 맹자가 말하였다. "군주에게 잘못이 있으면 잘못을 고치라고 이야기하고, 반복해서 이야기해도 듣지 않으면 떠납니다."

역자 해설

비록 군주와 친척 관계에 있는 '귀척貴戚의 경卿'과 군주와 '성씨가 다른(異姓) 경卿'을 구분하고 있지만, 군주를 폐위하고 새로운 군주를 세울 수 있다는 맹자의 사유가 드러나고 있는 구절이다. 뿐만 아니라 그와 같은 생각을 군주 앞에서 직접 표현하는 맹자와 그 말을 들은 선왕의 태도가 현장감 있게 표현되고 있다.

11. 고자장구告子章句 상上

첫 번째

1

告子曰, "性, 猶杞柳也. 義, 猶桮棬也. 以人性爲仁義, 猶以杞柳爲桮棬."

孟子曰, "子能順杞柳之性而以爲桮棬乎? 將戕賊杞柳而後以爲桮棬也? 如將戕賊杞柳而以爲桮棬, 則亦將戕賊人以爲仁義與? 率天下之人而禍仁義者, 必子之言夫!"

고자告子가 말하였다. "성性은 버드나무와 같고, 의義는 버드나무로 만든 그릇과 같은데, 사람의 본성本性을 가지고 인의仁義를 실천하는 것은 버드나무로 그릇을 만드는 것과 같습니다."

맹자가 말하였다. "그대는 버드나무의 본성을 따라 그릇을 만듭니까? 버드나무를 구부리고 훼손한 뒤에야 그릇을 만듭니까? 만일 버드나무를 구부리고 훼손한 뒤에 그릇을 만든다면, 또한 사람을 훼손한 후에 인의를 행하도록 한다는 것입니까? 세상 사람을 이끌어 인仁과 의義를 해치는 것은 반드시 그대의 말일 것입니다."

역자 해설

고자告子의 이름은 '불해不害'이며, 맹자의 문하에서 배웠다는 시각도 있지만, 그의 기본적인 관점은 맹자의 문인으로 보기 어려운 완전히 다른 모습이다. 맹자는 기본적으로 인간의 본성을 선한 것이자 도덕적인 것으로 규정한다면, 고자에게 인간의 본성은 인간이 가진 자연적이고 생물학적인 특징이다. 맹자가 도덕적으로 인간을 이해했다면, 고자는 생물학적으로 인간을 이해한 셈이다. 이처럼 인간을 바라보는 다른 토대를 전제하고 있는 두 사람이 자신의 관점에 기초해 상대를 비판하는 것은 충분히 합리적인 비판이라고 말할 수는 없다. 다만 왜 비판하는지는 분명하게 이해되는데, 인간을 도덕적인 존재로 바라보는 맹자에게 인의의 실천은 자연스러운 것이라면, 고자에게 있어서 그것은 마치 버드나무를 엮어서 그릇을 만드는 것처럼 자연스러운 것이 될 수 없었다.

두 번째 2

告子曰, "性猶湍水也, 決諸東方則東流, 決諸西方則西流. 人性之無分於善不善也, 猶水之無分於東西也."

孟子曰, "水信無分於東西. 無分於上下乎? 人性之善也, 猶水之就下也. 人無有不善, 水無有不下. 今夫水, 搏而躍之, 可使過顙. 激而行之, 可使在山. 是豈水之性哉? 其勢則然也. 人之可使爲不善, 其性亦猶是也."

고자가 말하였다. "사람의 성性은 소용돌이치는 물과 같아서, 동쪽을 터놓으면 동쪽으로 흐르고, 서쪽을 터놓으면 서쪽으로 흐릅니다. 사람의 성에 선善과 불선不善의 구분이 없는 것은, 물에 동쪽과 서쪽의 구분이 없는 것과 같습니다."

맹자가 말하였다. "물은 진정 동서東西의 구분이 없지만, 상하上下의 구분도 없는 것입니까? 사람의 성이 선한 것은 물이 아래로 흘러가는 것과 같아서, 사람의 성은 선하지 않은 것이 없고, 물은 아래로 흘러가지 않는 것이 없습니다. 지금 물을 쳐서 튀어 오르게 하면 사람의 이마를 넘길 수 있고, 물을 막아서 거슬러 올라가게 하면 높은 산에도 있게 할 수 있지만, 이것이 어떻게 물의 본성이겠습니까? 외부의 힘이 그렇게 만든 것입니다. 사람이 선하지 않은 일을 할 수 있게 되는 것도 이와 같은 것입니다."

역자 해설

물은 동쪽이나 서쪽의 터놓는 방향으로 흐른다는 고자의 주장을 맹자는 동서의 방향이 아닌 상하의 구분으로 살짝 비틀어 비판한다. 고자가 말한 것을 비판한 것이 아니라, 고자의 주장을 바꿔서 비판한 것이니, 당연한 고자에 대한 정당한 비판은 아니다. 하지만 맹자나 고자가 인간의 본성을 바라보는 시각 자체는 대비되어 분명하게 드러난다. 고자의 경우 인간의 본성이 본래 선하거나 악한 것이 아니라는 태도라면, 맹자의 경우에는 마치 물이 높은 곳에서 낮은 곳으로 흐르는 것처럼 분명한 특성을 가졌다고 주장한다.

세 번째

3

告子曰, "生之謂性."

孟子曰, "生之謂性也, 猶白之謂白與."

曰, "然."

"白羽之白也, 猶白雪之白. 白雪之白, 猶白玉之白與."

曰, "然."

"然則犬之性, 猶牛之性. 牛之性, 猶人之性與."

고자가 말하였다. "태어나면서 가지고 있는 생명이 가진 속성을 성性이라고 합니다."

맹자가 말하였다. "태어나면서 가지고 있는 생명이 가진 속성을 성이라고 하는 것은, 하얀색을 하얗다고 말하는 것과 같습니까?"

고자가 답하였다. "그렇습니다."

"그렇다면 하얀 깃털의 하얀색은 하얀 눈의 하얀색과 같고, 하얀 눈의 하얀색은 하얀 옥玉의 하얀색과 같다는 것입니까?"

고자가 답하였다. "그렇습니다."

"그렇다면 개의 성이 소의 성과 같으며, 소의 성이 사람의 성과 같다는 것입니까?"

역자 해설

고자는 인간의 생물학적 특성, 즉 자연성을 통해 인간을 이해한다. 순자荀子 역시 『순자』「정명正名」 편에서 "태어나면서 가지고 있는 생명의 소이연所以然, 곧 그렇게 살아가도록 하는 것을 성이라고 한다(生之所以然者謂之性)"라고 말하였다. 인간 이해를 위한 현대의 자연과학적 접근도 사실상 고자나 순자의 생각과 크게 다르지 않다. 생물학을 기본으로 하는 다양한 자연과학에 의해 확인되는 인간의 자연적 성향 등은 모두 인간에 관한 생물학적 이해라고 할 수 있다. 반면 맹자는 인간과 동물을 구별시켜 주는 것, 그것은 고자나 순자가 인간의 본성이라고 주장하는 인간의 생물학적 특성, 즉 자연성이 아니라 그것과 구분되는 모종의 어떤 것이라고 주장한다. 고자告子가 '생지위성生之謂性'이라고 주장할 때의 성性은 생명체가 갖추고 있는 자연적 속성이자 기능으로, 이것은 곧 생물학적 인간 이해이다. 이런 인간 이해에서 드러나는 차이로부터 맹자는 인간을 인간이라고 부르는 근원적인 특성을 찾을 수 없을 뿐만 아니라, 다른 존재와 구별되는 인간의 존재가치도 명확하게 드러내지 못한다고 생각했다. 그런 점에서 그는 인간의 본성과 개나 소의 본성이 같다는 혹은 같아질 가능성이 있다는 고자의 주장을 결코 수용할 수 없었다.

혹 이와 같은 지향이 지나쳐서인지, 맹자의 추론은 논리를 벗어나 있다. 맹자가 고자에게 던진 '태어나면서 가지고 있는 생명이 가진 속성을 성이라고 하는 것은 하얀색을 하얗다고 말하는 것인가?'라는 첫 번째 질문에는 논리적 비약이 함축되어 있다. '태어나면서 가지고 있는 생명이 가진 속성'은 성에 대한 설명이나 규정이지만, '하얀색을 하얗다고 말하는 것'은 성에 대한 모종의 설명이나 규정이 아닌, 동어반복에 불과하다. 그런데 맹자의 잘못된 질문에 고자는 답을 하고 만다. 그 뒤의 '하얀 깃털의 하얀색은 하얀 눈의 하얀색과 같다.'라는 사실로부터 '개의 성이 소의 성과 같다.'라는 결론을 도출하는 것 역시 논리적 비약일 뿐이다. 태어나면서 갖추고 있는 성이라고 반드시 동일할 필요는 없기 때문이다.

하지만 이와 같은 논리적 비약 속에서 우리는 맹자가 왜 그런 논리적 오류를 범해가면서까지 고자를 비판하고자 했는지를 이해할 수 있다. 그는 생명체가 가진 자연적인 특징을 배제한 후, 그곳에서 확인되는 인간만이 가진 선한 본성을 드러내고 싶었던 것이다. 이처럼 맹자와 고자는 서로 다른 인성을 이야기했지만, 고자가 말한 성을 맹자가 부정한다고 생각할 이유도 또 그럴 필요도 없다.

네 번째

4

告子曰, "食色, 性也. 仁, 內也, 非外也. 義, 外也, 非內也."

孟子曰, "何以謂仁內義外也."

曰, "彼長而我長之, 非有長於我也. 猶彼白而我白之, 從其白於外也, 故謂之外也."

曰, "異於白, 馬之白也, 無以異於白人之白也. 不識長馬之長也, 無以異於長人之長與? 且謂長者義乎? 長之者義乎."

曰, "吾弟則愛之, 秦人之弟則不愛也, 是以我爲悅者也, 故謂之內. 長楚人之長, 亦長吾之長, 是以長爲悅者也, 故謂之外也."

曰, "耆秦人之炙, 無以異於耆吾炙. 夫物則亦有然者也, 然則耆炙亦有外與."

고자가 말하였다. "먹고 마시는 것과 남녀가 서로를 좋아하는 것이 성性입니다. 인仁은 안에 있는 것이지 밖에 있는 것이 아니며,

의義는 밖에 있는 것이지 안에 있는 것이 아닙니다."

맹자가 말하였다. "왜 인은 안에 있는 것이고, 의는 밖에 있는 것이라고 합니까?"

고자가 말하였다. "그가 나이가 많아서 내가 그를 나이 많은 사람으로 공경하는 것이지, 나에게 나이 많은 사람을 공경하는 마음이 있는 것이 아닙니다. 이것은 그것이 흰 것이어서 내가 그 것을 희다고 하는 것과 같은데, 바깥에 있는 그 흰 것을 따르는 것이어서, 밖에 있는 것이라고 하는 것입니다."

맹자가 말하였다. "희다고 말하는 것과는 다릅니다. 말이 흰 것을 희다고 하는 것은, 사람이 흰 것을 희다고 하는 것과 다를 것이 없습니다. 모르긴 합니다만, 나이가 많은 말의 나이 많은 것이, 나이가 많은 사람의 나이가 많은 것과 아무 차이가 없겠습니까? 더군다나 나이가 많은 것을 의라고 하겠습니까? 나이가 많은 사람을 나이 많은 사람으로 공경하는 것을 의라고 하겠습니까?"

고자가 말하였다. "내 동생이면 사랑하고, 진나라 사람의 동생이면 사랑하지 않는데, 이것은 내가 기뻐하는 것에 달려 있습니다. 그래서 인仁은 안에 있는 것이라고 합니다. 초나라의 나이 많은 사람도 나이 많은 사람으로 공경하고, 우리나라의 나이 많은 사람도 나이 많은 사람으로 공경하는데, 이것은 나이 많은 사람이 기뻐하는 것에 달려 있습니다. 그래서 의義는 밖에 있는 것이라고 합니다."

맹자가 말하였다. "진秦나라 사람이 구운 고기를 좋아하는 것이, 내가 구운 고기를 좋아하는 것과 다를 것이 없습니다. 사물에도 이런 상황이 있는데, 그렇다면 구운 고기를 좋아하는 것 또한 밖에 있는 것이라는 말입니까?"

역자 해설

인仁과 의義가 인간의 본성에 내재해 있어서 자연스럽게 실천된다고 보는 것이 맹자의 시각이라면, 대상에 의해 인을 실천하는 행위가 결정된다고 보는 것이 고자의 시각이다. 맹자와 고자가 바라보는 인성이 어떤 것인지, 또 인과 의, 본성의 관계, 도덕과 본성의 관계에 대한 입장이나 시각, 그리고 그 차이는 비교적 분명하게 확인할 수 있다.

다섯 번째

5

孟季子問公都子曰, "何以謂義內也."

曰, "行吾敬, 故謂之內也."

"鄉人長於伯兄一歲, 則誰敬."

曰, "敬兄."

"酌則誰先."

曰, "先酌鄉人."

"所敬在此, 所長在彼, 果在外, 非由內也."公都子不能答, 以告孟子.

孟子曰, "敬叔父乎? 敬弟乎? 彼將曰'敬叔父'. 曰,'弟爲尸, 則誰敬?' 彼將曰'敬弟.' 子曰,'惡在其敬叔父也?' 彼將曰, '在位故也.' 子亦曰, '在位故也. 庸敬在兄, 斯須之敬在鄉人.'

"季子聞之曰, "敬叔父則敬, 敬弟則敬, 果在外, 非由內也."

公都子曰, "冬日則飮湯, 夏日則飮水, 然則飮食亦在外也."

맹계자孟季子가 공도자公都子에게 물었다. "어떻게 의義가 안에 있는 것이라고 말합니까?"

공도자가 말하였다. "나의 공경하는 마음을 실천하기 때문에 안에 있는 것이라고 말합니다."

맹계자가 물었다. "고을 사람이 맏형보다 나이가 한 살 더 많다면 누구를 더 공경합니까?"

공도자가 말하였다. "형을 더 공경할 것입니다."

맹계자가 물었다. "술을 따를 때는 누구에게 먼저 따르겠습니까?"

공도자가 말하였다. "고을 사람에게 먼저 따르겠습니다."

맹계자가 말하였다. "공경하는 사람은 맏형이고, 실제로 연장자로 대접해야 하는 사람은 고을 사람인데, 과연 의는 밖에 있는 것이지 안에서 나오는 것이 아닙니다."

공도자가 답하지 못하고, 맹자에게 이야기하였다. 맹자가 말하였다. "'숙부叔父를 공경하는가? 아우를 공경하는가?'라고 물으면, 그 사람은 '숙부를 공경합니다.'라고 대답할 것이네. '아우가 시동尸童이 되어 있다면 누구를 공경하겠습니까?'라고 물으면, 그는 '아우를 공경합니다.'라고 대답할 것이네. 자네가 '왜 숙부를 공경하지 않는 것입니까?'라고 물으면, 그는 '아우가 시동으로 공경받아야 할 자리에 있기 때문입니다.'라고 대답할 것이네. 같은 이치로 자네 역시 '술을 따를 때 고을 사람에게 먼저 따른다고 한 것은, 고을 사람이 공경받을 자리에 있기 때문입니다.'라고 말하면 된다네. 평상시의 공경은 형에게 있고, 상황에 따른 임시의 공경은 고을 사람에게 있는 것이네."

맹계자가 이 말을 듣고 말하였다. "숙부를 공경해야 할 때 숙부를 공경하고, 아우를 공경해야 할 때 아우를 공경하니, 의는 과연 밖에 있는 것이지 안에서 나오는 것이 아닙니다."

공도자가 말하였다. "겨울철에는 따뜻한 물을 마시고 여름철에는 차가운 물을 마시는데, 그렇다면 마시고 먹는 것도 내 의지와 무관한 밖에 있는 것이 된다네."

역자 해설

맹자의 관점에서 보자면, 공경해야 한다 혹은 공경하고 싶다는 의지의 작용은 내 안에서 발생하는 것이고, 바깥의 형이나 고을 사람 등은 모두 그와 같은 의지의 작용이 발생하게 되는 계기가 될 뿐이다. 계기는 원인이 아니며, 양자는 구별된다. 맹자의 시각에서, 행위는 대상에 의해 결정되는 것이 아니고, 공경하고 싶다는 의지의 작용이 내 안에서 발생하는 것에서 공경하는 행위가 있게 된다.

여섯 번째 6

公都子曰, "告子曰, '性無善無不善也.' 或曰, '性可以爲善, 可以爲不善. 是故文武興, 則民好善. 幽厲興, 則民好暴.' 或曰, '有性善, 有性不善. 是故以堯爲君而有象, 以瞽瞍爲父而有舜. 以紂爲兄之子且以爲君, 而有微子啓·王子比干.' 今曰'性善', 然則彼皆非與."

孟子曰, "乃若其情, 則可以爲善矣, 乃所謂善也. 若夫爲不善, 非才之罪也. 惻隱之心, 人皆有之. 羞惡之心, 人皆有之. 恭敬之心, 人皆有之. 是非之心, 人皆有之. 惻隱之心, 仁也. 羞惡之心, 義也. 恭敬之心, 禮也. 是非之心, 智也. 仁義禮智, 非由外鑠我也, 我固有之也, 弗思耳矣. 故曰, '求則得之, 舍則失之.' 或相倍蓰而無算者, 不能盡其才者也. 詩曰, '天生蒸民, 有物有則. 民之秉夷, 好是懿德.' 孔子曰, '爲此詩者, 其知道乎! 故有物必有則, 民之秉夷也, 故好是懿德.'"

공도자가 말하였다. "고자告子가 '성性은 선善한 것도 없고 선善하지 않은 것도 없다.'라고 하였습니다. 혹자는 '성은 선하게 될 수도 있고, 선하지 않게 될 수도 있어서, 이 때문에 문왕文王이나 무왕武王과 같은 군주가 나오면 백성들이 선을 좋아하고, 유왕幽王이나 여왕厲王과 같은 폭군이 나오면 백성들이 포악한 것을 좋아한다.'라고 하였습니다. 어떤 사람은 '성이 선한 사람이 있고, 성이 선하지 않은 사람도 있어서, 이 때문에 요堯를 군주로 모시면서도 상象 같은 동생이 있었고, 고수瞽瞍 같은 사람을 아버지로 두면서도 순舜 같은 아들이 있었으며, 주紂를 형의 아들이나 군주로 섬기면서도 미자계微子啓와 왕자王子 비간比干 같은 사람이 있었다.'라고 말합니다. 지금 선생님께서는 성이 선하다고 말씀하시는데, 그렇다면 저들이 모두 잘못된 것입니까?"

맹자가 말하였다. "그 타고난 재질才質인 마음의 정情을 따르면, 선을 행할 수 있는데, 이것이 내가 선하다고 말하는 것이네. 만약 선하지 않은 행동을 하더라도, 타고난 재질의 죄는 아니라네. 측은해하는 마음을 사람이라면 모두 가지고 있고, 부끄러워하는 마음을 사람이라면 모두 가지고 있으며, 공경하는 마음을 사람이라면 모두 가지고 있고, 옳고 그름을 가리는 마음을 사람이라면 모두 가지고 있다네. 측은해하는 마음은 인仁이고, 부끄러워하는 마음은 의義이며, 공경하는 마음은 예禮이고, 옳고 그름을 가리는 마음은 지智라네. 인仁·의義·예禮·지智는 밖으로부터 나를 녹여 들어온 것이 아니라, 내가 본래 가지고 있는 것이지만 사람들이 생각하지 않을 뿐이라네. 그래서 '구하면 얻고 내버려 두면 잃어버린다.'라고 하는 것이네. 선악을 실천하는 정도에서 서로 배倍가 되거나, 다섯 배가 되기도 하여, 서로 헤아려 비교해 볼 수도 없게 되는 것은, 타고난 재질을 모두 발휘하지 못했기 때문이네. 『시경』에 '천天이 온 백성을 낳으셨으니, 사물이 있으면 법칙이 있도록 하였구나. 백성들이 변하지 않는 마음을 가지고 있어서, 이 아름다운 덕德을 좋아하는구나.'라고 하였는데, 공자는 '이 시를 지은 사람은 도道를 아는 사람이구나! 그래서 사물이 있으면 반드시 법칙이 있기 마련이니, 백성들이 변하지 않는 마음을 가지고 있어서, 이 아름다운 덕을 좋아한다.'라고 말씀하셨던 것이네."

역자 해설

여기에서 맹자는 인간의 본성이 선하다는 것을 직접 성이 선하다는 점을 통해 증명하지 않고, 본심이 선하다는 것, 특히 선한 감정이 활동하고 있다는 것을 통해 증명한다. 본심, 더욱 구체적으로는 '사단의 마음'으로부터 측은해하고, 부끄러워하고, 공경하고, 옳고 그름을 가리는 감정과 함께 인의예지의 도덕 행위가 등장한다는 것이다. 하지만 그렇게 각각의 사람들에게 내재해 있는 선한 본성과 선한 본심은 일정 부분 가능태로 은폐되어 있어서 그것을 드러내 발휘하는 사람과 그렇지 못한 사람의 차이가 발생하게 된다. 그리고 이와 같은 구도에서 이해하자면, 맹자에게 있어서 본성本性과 본심本心, 본정本情의 관계는 동질적인 것으로 파악된다. 이것은 도덕실천에 있어서 마음과 감정의 역할을 긍정하는 태도이다.

일곱 번째

7

孟子曰, "富歲, 子弟多賴. 凶歲, 子弟多暴, 非天之降才爾殊也, 其所以陷溺其心者然也. 今夫麰麥, 播種而耰之, 其地同, 樹之時又同, 浡然而生, 至於日至之時, 皆熟矣. 雖有不同, 則地有肥磽, 雨露之養, 人事之不齊也. 故凡同類者, 擧相似也, 何獨至於人而疑之? 聖人與我同類者. 故龍子曰, '不知足而爲屨, 我知其不爲蕢也.' 屨之相似, 天下之足同也. 口之於味, 有同耆也. 易牙先得我口之所耆者也. 如使口之於味也, 其性與人殊, 若犬馬之與我不同類也, 則天下何耆皆從易牙之於味也? 至於味, 天下期於易牙, 是天下之口相似也惟耳亦然. 至於聲, 天下期於師曠, 是天下之耳相似也. 惟目亦然. 至於子都, 天下莫不知其姣也. 不知子都之姣者, 無目者也. 故曰, 口之於味也, 有同耆焉. 耳之於聲也, 有同聽焉. 目之於色也, 有同美焉. 至於心, 獨無所同然乎? 心之所同然者何也? 謂理也, 義也. 聖人先得我心之所同然耳. 故理義之悅我心, 猶芻豢之悅我口."

맹자가 말하였다. "풍년에는 젊은이들이 대체로 얌전하고, 흉년에는 젊은이들이 대체로 사나운데, 그것은 타고난 재질이 달라서가 아니라, 그 마음을 해친 것이 그렇게 만드는 것입니다. 지금 보리를 파종하고 김을 매주는데, 같은 땅에서 씨앗을 뿌린 시기가 같으면 잘 자라서 하지夏至가 되면 모두 여물게 됩니다. 똑같이 여물지 않은 것이 있다 하더라도, 이것은 땅이 비옥하거나 척박함에서 차이가 있거나, 비나 이슬이 내려 길러주는 것, 사람이 가꾸는 손길이 똑같지 않기 때문입니다. 그러므로 같은 종류는 모두 서로 비슷한 것인데, 어떻게 유독 사람의 경우에만 그렇지 않다고 의심을 하겠습니까? 성인聖人도 나와 같은 부류部類입니다. 그러므로 용자龍子는 '발의 크기를 모르고 신발을 만들더라도 나는 그것이 삼태기가 되지 않는다는 것을 안다.'라고 하였는데, 신발이 서로 비슷한 것은 세상 사람의 발이 같기 때문입니다. 입은 맛에서 똑같이 좋아하는 것이 있으니, 역아易牙는 먼저 내 입이 좋아하는 것을 터득한 사람입니다. 만약 입이 좋아하는 맛에서 타고난 본성이 남과 다른 것이, 개와 말이 나와 종류가 다른 것처럼 다르다면, 세상 사람이 어떻게 좋아함에 있어서 모두 역아가 요리한 맛을 따르겠습니까? 맛에서는 세상 사람이 역아가 요리한 맛을 기대하는데, 이것은 세상 사람들의 입맛이 서로 비슷하기 때문입니다. 귀 역시 똑같아서, 소리에서는 세상 사람이 사광師曠처럼 되기를 기대하니, 이것은 세상 사람의 귀가 서로 비슷하기 때문입니다. 눈 또한 똑같아서, 자도子都에 대해 세상에서 그의 아름다움을 알지 못하는 사람이 없으니, 자도의 아름다움을 알지 못하는 사람은 눈이 없는 사람입니다. 그래서 입은 맛에 있어서 똑같이 좋아하는 것이 있고, 귀는 소리에 있어서 똑같이 좋아하는 소리가 있으며, 눈은 색에 있어서 똑같이 아름답게 여기는 색이 있다고 하는데, 마음에서 유독 똑같이 생각하는 것이 없겠습니까? 사람들의 마음이 똑같이 생각하는 것은 무엇입니까? 그것을 리理와 의義라고 합니다. 성인은 내 마음이 똑같이 생각하는 것을 먼저 알았을 뿐입니다. 그래서 리와 의가 내 마음을 기쁘게 하는 것은, 고기가 내 입을 기쁘게 하는 것과 같은 것입니다."

역자 해설

인간에게 선한 본성이 내재해 있으면서도, '왜 현실적으로는 그것을 온전히 드러내거나 실현하지 못하는가?'라는 물음에 대한 맹자의 대답 가운데 하나가 여기에서 확인된다. 맹자가 설명하고 있는 선한 본성이 실현되지 않는 이유에는 두 가지가 있다. 하나는 '인간 존재의 이중성'이고, 다른 하나는 인간 삶이 진행되는 '인과적 필연성에 의해 제한되는 현실세계'이다.

인간 존재의 이중성이란 인간이 지닌 자연적 성향과 그것을 넘어서 있는 초자연적 성향을 가리키는 말이다. 맹자는 분명 선한 인간의 도덕적 본성을 전제하고 있지만, 인간이 다른 동물과 공유하는 부분, 곧 자연성을 부정하지 않는다. 혀가 맛을 알아 구별하고, 눈이 색을 구별하며, 귀가 소리를 구별하고, 코가 냄새를 구별하며, 신체가 편안함을 추구하는 것과 같은 인간이 지닌 각종 감각기관의 기능과 육체적 욕구 역시 선천적으로 갖추고 있는 것이기에 모두 성性, 즉 인간의 자연성(human nature)이라 할 수 있다. 그러나 이러한 자연적 성향에서 보자면 인간이란 결국 동물의 한 종에 불과하고, 다른 동물과의 근본적이고 질적인 차이점을 발견하지 못한다. 뿐만 아니라 이 동물과 공유하는 자연적 성향 자체와 그것이 보여주는 욕구의 충족 여부는 인과법칙의 필연성에 의해 제한되는 것이다. 쉽게 말해서, 욕구한다고 그 욕구가 저절로 충족되지 않는다는 말이다. 따라서 동일한 차원인 인간의 자연성 역시 인과적 필연성의 제한 아래에 있게 된다.

이러한 한계 혹은 제한을 맹자는 명命이란 말로 표현하고 있는데, 이것은 인간의 의지로 어찌할 수 없는 부분, 즉 인과적 필연성을 지칭하는 말이다. 혀와 눈, 귀, 코, 신체가 가진 이러한 한계는 맹자에게 있어서 인간이 지닌 선한 본성을 표현하고 실현하는 데 장애로 작용하는 요소이다. 반면에 인·의·예·지·천도의 경우 비록 그것이 실현되는 곳이 인과법칙의 필연성에 지배되는 현실세계여서, 그것의 실현에 있어서 한계가 있는 것이 분명하다. 하지만 그 욕구 자체는 인간의 자연적 성향으로부터 나오는 것이 아니라, 다른 동물에게 찾을 수 없는 자연적이지 않은 성향으로부터 유래하는 것이고, 그래서 자연 세계를 지배하는 인과적 필연성으로부터도 자유로운 것으로 생각하였다. 맹자는 바로 이것을 인간만이 가진, 인간의 본성이라고 말한다.

여기에서 맹자는 인간이 지닌 자연적 성향에 대해 '인간의 본성이라 보지 않는다'고 하였지만, 그것이 인간이 지닌 자연성에 대한 부정이나 폐기를 의미하지는 않는다. 다만 인성의 무게 중심은 인간이 지니고 있는 자연적 성향에 있는 것이 아니라 그것을 넘어서 있는 자연적 성향이 아닌 것에 있음을 분명히 하고 있을 뿐이다. 인간의 본성을 따르고, 또 그것을 실현하는 것이 인간의 길이라면, 맹자에게서 인간의 길은 더 이상 인간의 자연적 성향으로부터 찾아지는 것이 아니라, 그것을 넘어서 있는 자연적 성향이 아닌 것으로부터 찾아진다. 그리고 인간의 자연성은 진정한 인성으로 받아들여지지 못하고, 소극적인 의미만을 가진 것으로 제한된다.

그러나 인간의 자연적 성향에 대한 맹자의 이러한 입장은 도덕실천과 관련되었을 때만 비로소 성립된다. 다시 말해 맹자는 비록 도덕실천에 있어서 인간이 지닌 자연적 성향의 부정적 작용에 대해 주목하고 있지만, 다른 한편으로는 인간의 자연적 성향과 초자연적 성향의 연속성, 혹은 자연생명과 가치생명의 불가분리성에 대해서도 주목하고 있다. 이러한 자연생명과 가치생명의 불가분리성 혹은 연속성은 한편으로 양자 사이의 상호작용뿐만 아니라 인간과 자연세계와의 상호작용 역시 함축하고 있다. 그리고 자연세계와의 상호작용을 통해 인간은 바로 그 자연세계 속에서 도덕적 가치를 실현해 갈 수 있는 근거를 마련하게 되는 것이다.

인간에게 내재해 있는 선한 본성이 현실화되지 않음, 혹은 악의 발생에 대한 맹자의 두 번째 대답은 바로 여기에서 시작된다. 인간과 자연세계와의 상호작용에서는 먼저 객관세계가 인간의 가치가 실현되고, 또 그것을 통해 개선되어야 하는 장소라는 사실이 함축되고 있지만, 그것은 또한 가치 실현을 제한하는 하나의 조건으로도 작용한다는 것을 의미하기 때문이다.

인·의·예·지·천도는 인간의 실천행위를 통해 현실세계의 제한 속에서 제한적으로 실현된다. 여기에서 현실세계의 제한이란 다름 아닌 자연계의 지배법칙인 인과적 필연성을 가리킨다. 그리고 인·의·예·지·천도가 제한적으로 실현된다는 말은 인·의·예·지·천도가 구체적 현실 상황에서 구체적인 모습으로 드러난다는 것을 가리키지만, 구체적인 모습으로 드러난다는 것은 사실상 구체적 현실의 제약과 조건에 따라 인·의·예·지·천도가 다른 모습으로 표현되어 나타난다는 것을 뜻한다. 이렇듯 구체적 현실의 제약과 조건에 따라 다른 모습으로 나타나야 하는 인·의·예·지·천도에게 구체적 현실은 실현을 제한하거나 가로막는 하나의 장애가 되는 셈이다.

이처럼 인간의 본성인 선한 본성을 우리가 살아가는 구체적인 현실세계 속에 실현하는 과정은 한편으로 자연생명, 혹은 인간이 지닌 자연적 성향을 극복하는 험난한 극기의 과정이며, 또한 인과적 필연성에 의해 지배되는 현실세계와의 상호관계 속에서 구체화하는 과정이기도 하다. 그러나 인간의 자연적 성향과 그것이 가진 욕구나 충동에서 본다면, 이러한 극기나 구체화의 과정은 결코 자연스러운 것도 아니며 쉬운 것도 아니다. 이것은 차라리 인간으로 살아가기 위한 치열하고도 끊임없이 계속되는 고단한 투쟁이다.

그리고 맹자가 상정하는 최고 인격, 혹은 완성된 인간으로서의 성인이나 군자는 바로 이러한 극기의 과정과 자연세계와의 상호작용 속에서 자신의 본성을 실현한 사람들이다. 본성의 실현이란 다름 아닌 인간만이 고유하게 지닌 선한 본성의 실현이며, 그런 의미에서 성인이란 비인간적인 요소들이 적절하게 절제되고 조절된 가장 인간적인 인간, 사람다운 사람이다. 그러므로 맹자에게 있어서 성인을 향한 길은 동시에 인간을 향한 길이며, 성인에 대한 열망은 곧 인간에 대한 열망이었다.

여덟 번째

8

孟子曰, “牛山之木嘗美矣, 以其郊於大國也, 斧斤伐之, 可以爲美乎? 是其日夜之所息, 雨露之所潤, 非無萌蘖之生焉, 牛羊又從而牧之, 是以若彼濯濯也. 人見其濯濯也, 以爲未嘗有材焉, 此豈山之性也哉? 雖存乎人者, 豈無仁義之心哉? 其所以放其良心者, 亦猶斧斤之於木也, 旦旦而伐之, 可以爲美乎? 其日夜之所息, 平旦之氣, 其好惡與人相近也者幾希, 則其旦晝之所爲, 有梏亡之矣. 梏之反覆, 則其夜氣不足以存. 夜氣不足以存, 則其違禽獸不遠矣. 人見其禽獸也, 而以爲未嘗有才焉者, 是豈人之情也哉? 故苟得其養, 無物不長. 苟失其養, 無物不消. 孔子曰, ‘操則存, 舍則亡. 出入無時, 莫知其鄕.’ 惟心之謂與."

맹자가 말하였다. "우산牛山의 나무는 본래 아름다웠는데, 그것이 큰 나라의 근교에 있어서 도끼로 나무를 베어내니, 어떻게 아름다울 수 있겠습니까? 그래도 밤낮으로 자라나고, 비와 이슬이 적셔줘서, 새싹이 움트고 잎이 자라나지만, 다시 소와 양을 끌어다 방목하니, 저렇게 벌거벗게 된 것입니다. 그런데 사람들은 그 벌거벗은 모습만 보고, 본래 나무가 없었다고 생각하는데, 이것이 어떻게 그 산山의 본래 성性이겠습니까? 사람의 본성에도 어떻게 인의仁義의 마음이 없겠습니까? 그런데 그 양심良心을 버리는 것이 도끼로 나무를 베는 것과 같아서, 아침마다 나무를 베어내는데, 어떻게 아름다울 수 있겠습니까? 밤낮으로 자라나는 것이나, 새벽의 맑은 기운에서 보자면, 그 좋아하고 미워하는 것이 다른 사람들과 서로 비슷한 것이 어떻게 드물겠습니까만, 낮에 하는 행동이 이것을 없애버리고 맙니다. 그렇게 없애기를 반복하면, 밤의 휴식에서 생기는 새벽의 맑은 기운, 곧 야기夜氣도 보존될 수 없고, 야기가 보존되지 않으면 짐승과 다른 것이 없게 됩니다. 사람들은 그 짐승 같은 모습을 보고, 본래 재질이 없었다고 생각하는데, 이것이 어떻게 사람의 본래 모습이겠습니까? 그러므로 진정 잘 길러주면, 자라지 않는 물건이 없고, 진정 잘 길러주지 않으면 소멸하지 않는 물건이 없습니다. 공자는 '잡으면

보존되고 놓으면 없어지며, 나가고 들어오는 것에 일정한 때가 없고, 어디로 가는지 그 방향을 알 수 없다는 것은 사람의 마음을 두고 한 말이다.'라고 하였습니다."

역자 해설

우산牛山은 제나라의 수도였던 임치臨淄 남쪽에 있는 높지 않은 산으로, 본래 아름다운 숲이 있었지만, 큰 도성 가까이 있다 보니 남벌 되면서 황폐해졌다. 선한 본성을 가진 사람이, 그 본성대로 살지 못하고 어떤 과정을 거쳐 짐승과 같은 삶을 살아가게 되는지, 또 어떻게 하면 선한 본성을 유지할 수 있는지를 이야기하고 있다.

아홉 번째 9

孟子曰, "無或乎王之不智也, 雖有天下易生之物也, 一日暴之, 十日寒之, 未有能生者也. 吾見亦罕矣, 吾退而寒之者至矣. 吾如有萌焉何哉? 今夫弈之爲數, 小數也. 不專心致志, 則不得也. 弈秋, 通國之善弈者也. 使弈秋誨二人弈, 其一人專心致志, 惟弈秋之爲聽. 一人雖聽之, 一心以爲有鴻鵠將至, 思援弓繳而射之, 雖與之俱學, 弗若之矣. 爲是其智弗若與? 曰, 非然也."

맹자가 말하였다. "왕이 지혜롭지 못한 것은 이상할 것이 없습니다. 세상에서 가장 쉽게 살아가는 식물이라도, 하루만 햇볕을 쬐고 열흘을 춥게 한다면 살 수 있는 것이 없을 것입니다. 내가 왕을 만나기는 하지만, 그것은 가끔 있는 일이고, 내가 물러 나오면 왕의 마음을 차갑게 하는 사람이 오는데, 내가 싹이 나도록 한들 무슨 소용이 있겠습니까? 바둑을 두는 수가 비록 하찮은 기술이지만, 마음을 집중하고 뜻을 모으지 않으면 배우지 못합니다. 혁추奕秋는 나라에서 바둑을 제일 잘 두는 사람입니다. 두 사람을 불러 혁추에게 바둑을 가르치도록 했는데, 그 가운데 한 사람은 마음을 집중하고 뜻을 모아 오직 혁추의 말을 듣고, 다른 한 사람은 비록 혁추의 말을 듣기는 하지만, 마음 한편에 기러기가 날아오길 바라면서, 활을 쏴 맞힐 것을 생각한다면, 앞의 사람과 함께 배우더라도 그와 같지는 못할 것입니다. 이것이 그의 지혜가 다른 사람만 못하기 때문일까요? 그렇지 않습니다."

역자 해설

마음을 집중하고 뜻을 모은다는 뜻의 사자성어 '전심치지專心致志'가 여기에서 유래하였다.

열 번째

10

孟子曰, "魚, 我所欲也. 熊掌, 亦我所欲也, 二者不可得兼, 舍魚而取熊掌者也. 生, 亦我所欲也. 義, 亦我所欲也, 二者不可得兼, 舍生而取義者也. 生亦我所欲, 所欲有甚於生者, 故不爲苟得也. 死亦我所惡, 所惡有甚於死者, 故患有所不辟也. 如使人之所欲莫甚於生, 則凡可以得生者, 何不用也? 使人之所惡莫甚於死者, 則凡可以辟患者, 何不爲也? 由是則生而有不用也, 由是則可以辟患而有不爲也. 是故所欲有甚於生者, 所惡有甚於死者, 非獨賢者有是心也, 人皆有之, 賢者能勿喪耳. 一簞食, 一豆羹, 得之則生, 弗得則死. 呼爾而與之, 行道之人弗受. 蹴爾而與之, 乞人不屑也. 萬鍾則不辨禮義而受之. 萬鍾於我何加焉? 爲宮室之美·妻妾之奉·所識窮乏者得我與? 鄕爲身死而不受, 今爲宮室之美爲之. 鄕爲身死而不受, 今爲妻妾之奉爲之. 鄕爲身死而不受, 今爲所識窮乏者得我而爲之, 是亦不可以已乎? 此之謂失其本心."

맹자가 말하였다. "생선도 내가 먹고 싶은 것이고, 곰발바닥도 내가 먹고 싶은 것이지만, 이 두 가지를 동시에 먹을 수 없다면, 생선 요리를 버리고 곰발바닥 요리를 선택하겠습니다. 생명을 유지하는 것도 내가 원하는 것이고, 의義도 내가 원하는 것이지만, 이 두 가지를 동시에 가질 수 없다면, 생명을 버리고 의를 선택하겠습니다. 생명을 유지하는 것도 내가 원하는 것이지만, 생명을 유지하는 것보다 더 간절히 원하는 것이 있어서, 생명을 구차하게 유지하려고 하지 않는 것입니다. 죽음도 내가 싫어하는 것이지만 죽음보다 더 싫어하는 것이 있어서, 환난患難을 피하지 않는 것입니다. 만약 사람이 원하는 것 중에 생명을 유지하는 것보다 더 간절히 원하는 것이 없다면, 생명을 유지할 방법이라면 무슨 방법인들 쓰지 않겠습니까? 만약 사람들이 싫어하는 것 중에 죽는 것보다 더 싫어하는 것이 없다면, 환난을 피할 수 있는 일이라면 무슨 짓인들 하지 않겠습니까? 그런데 생명을 유지하는 것보다 더 간절히 원하는 것이 있어서, 살 수 있는데도 그 방법을 쓰지 않는 경우가 있습니다. 죽는 것보다 더 싫어하는 것이 있어서, 화禍를 피할 수 있는데도 하지 않는 때도 있습니다. 그러므로 사람에게는 생명을 유지하는 것보다 더 간절하게 원하는 것이 있으며, 죽는 것보다 더 싫어하는 것이 있습니다. 오직 현명한 사람만이 이런 마음을 가지고 있는 것이 아니라, 사람이면 누구나 이런 마음을 가지고 있지만, 현명한 사람은 이것을 잃어버리지 않을 수 있을 뿐입니다. 밥 한 그릇과 국 한 그릇을 얻으면 살고 얻지 못하면 죽는 경우에도, 호통치면서 준다면 길 가는 사람도 받지 않으며, 발로 툭 차서 준다면 걸인乞人도 받으려고 하지 않습니다. 그런데도 만종萬鍾의 많은 녹봉祿俸은 예의禮義

를 따지지도 않고 받으니, 그 만종의 녹봉은 나에게 어떤 도움이 될까요? 화려한 집과 나를 섬기는 처妻와 첩妾, 그리고 궁핍한 지인들이 나에게서 도움을 얻도록 하기 위해서일까요? 과거에 자신을 위해서는 죽어도 받지 않다가 이제 호화로운 집을 위해서는 받으며, 과거에 자신을 위해서는 죽어도 받지 않다가 이제 섬기는 처와 첩을 위해서는 받으며, 과거에 자신을 위해서는 죽어도 받지 않다가 이제 궁핍한 지인들이 나에게서 도움을 얻도록 하기 위해서는 받으니, 이런 행위 또한 그만둘 수 없는 것일까요? 이렇게 하는 것을 '그 본래의 마음을 잃었다.'라고 하는 것입니다."

역자 해설

'사생취의舍生取義', 곧 생명을 버리고 의를 선택하겠다는 맹자의 주장을 이해하기 쉽게 재구성한다면 다음과 같은 전제와 결론으로 구분해 볼 수 있다.

① 인간의 자연적 성향이 지향하는 것은 무엇보다 자기보존(self-preservation)이다.

② 따라서 인간의 자연적 성향으로부터 모든 행위의 동기가 부여된다면, 인간은 자기보존의 자연적 욕구를 충족시킬 수 있는 행위만을 해야 한다.

③ 그러나 인간은 자기보존의 욕구와 일치하지 않는 행위를 하

는 경우가 있다.

④ 그러므로 인간에게는 행위의 동기로써 자연적 성향 외에 또 다른 어떤 것이 있다.

맹자는 바로 이것, 즉 자연적 성향 이외에 인간이 가진 또 다른 하나의 행위 동기를 인간만이 지닌 선성善性, 즉 도덕성이라 부르고, 이것을 도덕의 근원, 혹은 인간의 본질로 규정한다. 또 맹자에게 있어서 인간과 동물을 구별시켜 주는 이 인간만이 가진 '인성人性'은 인식을 주된 기능으로 작용하는 이성능력이나, 그러한 이성적 능력을 통해 표현되는 지적능력을 가리키는 것이 아니다. 이것은 일종의 감지방식이며 반성적 자아의식으로, 이미 모든 인간에게 내재해 있어서 후천적 학습이나 경험적 지식에 의해 생겨날 수 있는 것도 아니다. 자연적 성향이 아닌 다른 하나의 행위 동기는 인간과 동물을 구분시켜주는 선한 본성이기도 하다. 인간의 '자연적 성향'이 인간이 지닌 생물학적, 혹은 생리학적 특성과 기능을 가리키고 있다면, '자연적 성향이 아닌 것'은 인간의 '비자연적 성향' 혹은 '자연적 성향'으로 설명되지 않는 행위의 동기를 가리키는 말이다. 그리고 '자연성'이 자연세계의 지배법칙인 '인과적 필연성'의 지배 아래에 있는 것이라면, '인과적 필연성'의 지배를 벗어나 있다는 점에서 그것은 '초자연적'이고, 동시에 인간이 확보한 자유이자 자율성이기도 하다.

열한 번째

11

孟子曰, "仁, 人心也. 義, 人路也. 舍其路而弗由, 放其心而不知求, 哀哉! 人有雞犬放, 則知求之. 有放心, 而不知求. 學問之道無他. 求其放心而已矣."

맹자가 말하였다. "인仁은 사람의 마음이고, 의義는 사람의 길입니다. 그 길을 버려두고 따라가지 않으며, 그 마음을 잃어버리고 찾을 줄을 모르니, 슬프고 안타깝습니다. 사람들은 닭이나 개를 잃어버리면 찾아야 한다는 것을 알지만, 마음을 잃어버리고는 찾아야 한다는 것을 모릅니다. 학문學問의 길은 다른 것이 없습니다. 그 잃어버린 마음을 찾는 것일 뿐입니다."

역자 해설

학문을 하는 목적은 '구방심求放心', 곧 잃어버린 마음을 찾기 위함이라는 맹자의 주장이다.

열두 번째

12

孟子曰, "今有無名之指, 屈而不信, 非疾痛害事也, 如有能信之者, 則不遠秦楚之路, 爲指之不若人也. 指不若人, 則知惡之. 心不若人, 則不知惡, 此之謂不知類也."

맹자가 말하였다. "무명 손가락이 구부러져 펴지지 않는 것이, 큰 통증이 있거나 일에 방해가 되지는 않지만, 만일 이것을 펼 수 있게 하는 사람이 있다면, 진秦나라와 초楚나라로 가는 길이라도 멀다고 생각하지 않고 찾아갈 것인데, 이것은 손가락이 남들과 같지 않기 때문입니다. 손가락이 남들과 같지 않으면 싫어할 줄 알면서, 마음이 남들과 같지 않은 것은 싫어할 줄 모르는데, 이런 것을 무엇이 진정 중요한 일인지를 모른다고 말합니다."

역자 해설

당시 진秦나라는 여러 제후국 가운데 가장 서쪽에 있었고, 초楚나라는 가장 남쪽에 있었으니, 맹자의 고향인 추나라에서 보자면 가장 멀리 있는 나라들이다. 무엇이 진정 중요한 일인지를 몰라 상대적으로 중요하지 않은 일로는 그 먼 나라를 방문하면서, 진정 중요한 일에는 관심을 보이지 않는 것을 지적하고 있다.

열세 번째

13

孟子曰, "拱把之桐梓, 人苟欲生之, 皆知所以養之者. 至於身, 而不知所以養之者, 豈愛身不若桐梓哉? 弗思甚也."

맹자가 말하였다. "두 손이나 한 손으로 쥘 수 있는 굵기의 오동나무나 가래나무를 사람들이 기르고자 한다면, 누구나 어떻게 길러야 하는지를 알고 있습니다. 그런데 자기 자신에 대해서는 기르는 방법을 알지 못하니, 어떻게 자기 몸을 아끼는 것이 오동나무나 가래나무를 아끼는 것만 못하기 때문이겠습니까? 생각하지 않는 것이 심각합니다."

열네 번째

14

孟子曰, "人之於身也, 兼所愛. 兼所愛, 則兼所養也. 無尺寸之膚不愛焉, 則無尺寸之膚不養也. 所以考其善不善者, 豈有他哉? 於己取之而已矣. 體有貴賤, 有小大. 無以小害大, 無以賤害貴. 養其小者爲小人, 養其大者爲大人. 今有場師, 舍其梧檟, 養其樲棘, 則爲賤場師焉. 養其一指而失其肩背, 而不知也, 則爲狼疾人也. 飮食之人, 則人賤之矣, 爲其養小以失大也. 飮食之人無有失也, 則口腹豈適爲尺寸之膚哉."

맹자가 말하였다. "사람은 자기 몸에 대해서는 어느 것 구별 없이 아낍니다. 어느 것 구별 없이 아끼기에 어느 것 구별 없이 기릅니다. 한 자나 한 치의 살갗도 아끼지 않는 곳이 없기에, 한 자나 한 치의 살갗도 기르지 않는 곳이 없습니다. 자신의 몸을 잘 기르는지 아닌지를 살피는 방법에 어떻게 다른 것이 있겠습니까? 바로 내 몸에서 알아낼 수 있을 뿐입니다. 몸에는 귀한 것과 천한 것이 있으며, 작은 것과 큰 것이 있는데, 작은 것으로 큰 것을 해치지 말아야 하며, 천한 것으로 귀한 것을 해치지 말아야 합니다. 작은 것을 기르는 사람은 소인小人이 되고, 큰 것을 기르는 사람은 대인大人이 됩니다. 지금 어떤 원예사가 오동나무나 가래나무를 버리고 가시나무를 키운다면, 나쁜 원예사가 될 것입니다. 자신의 손가락 하나만 기르고, 어깨나 등을 잃으면서도 알지 못한다면, 결국 뒤를 돌아보지 못하는 낭질병에 걸린 사람이 될 것입니다. 먹고 마시는 것에 욕심내는 사람을 사람들은 천하게 여기는데, 작은 것을 기르면서 큰 것을 잃어버리고 있기 때문입니다. 먹고 마시는 것에 욕심내는 사람이 잃어버리는 것이 없다면, 입과 배가 어떻게 겨우 한 자나 한 치의 살갗만을 위한다고 하겠습니까?"

열다섯 번째

15

公都子問曰, "鈞是人也, 或爲大人, 或爲小人, 何也."

孟子曰, "從其大體爲大人, 從其小體爲小人."

曰, "鈞是人也, 或從其大體, 或從其小體, 何也."

曰, "耳目之官不思, 而蔽於物. 物交物, 則引之而已矣. 心之官則思, 思則得之, 不思則不得也. 此天之所與我者, 先立乎其大者, 則其小者弗能奪也. 此爲大人而已矣."

공도자公都子가 질문하였다. "똑같은 사람인데, 어떤 사람은 대인이 되고, 어떤 사람은 소인이 되는 것은 무엇 때문입니까?"

맹자가 말하였다. "대체大體를 따르면 대인이 되고, 소체小體를 따르면 소인이 되네."

공도자가 다시 물었다. "똑같은 사람인데, 어떤 사람은 대체를 따르고, 어떤 사람은 소체를 따르는 것은 무엇 때문입니까?"

맹자가 답하였다. "귀나 눈과 같은 감각기관은 생각하지 못하여, 사물에 가려지게 되네. 사물에 가려져서 사물과 다름없게 된 귀나 눈이 다른 사물에 접촉하면, 귀와 눈은 끌려갈 뿐이네. 마음이라는 기관의 기능은 생각하는 것인데, 생각하면 얻고 생각하지 않으면 얻을 수 없네. 이것은 천天이 우리 인간에게 준 것이니, 먼저 그 큰 것을 세우면, 그 작은 것이 빼앗지 못할 것이네.

이렇게 하면 대인이 될 따름이라네.”

역자 해설

‘사思’의 공부나 수양방법이 제시된 구절이다. 그것이 어떤 공부인지를 이해하기 위해서는 무엇보다도 먼저 맹자가 말하고 있는 ‘사’의 의미를 제대로 이해해야 한다. 그것은 우리가 일반적인 의미로 쓰고 있는 ‘사고’나 ‘생각’만을 의미하는 것이 아니기 때문이다. 만약 단순히 ‘사고’나 ‘생각’만으로 맹자가 말하는 ‘사’를 풀이한다면, 맹자의 본래 뜻을 드러내기 어려울 뿐만 아니라, 맹자의 전체적인 철학 체계와도 정확하게 합치하지 않게 된다. 즉 우리가 일반적으로 사용하고 있는 ‘사고’, 또는 ‘생각’은 흔히 ‘경험적’, 혹은 ‘인식론’적 의미, 다시 말해서 사고의 주체와 사고의 객체를 전제하고 있어서 인간에게 내재하는 선한 본성 역시 인식의 대상으로 전환해 버릴 수 있다.

맹자에게 있어서 인간에게 내재하는 선한 본성은 바로 도덕의 근거이고, 그것은 동시에 도덕주체 자신이다. 그래서 도덕적 가치를 성취하기 위해서는 반드시 내재하는 선한 본성을 드러내야만 하고, 그 과정은 결코 인식론적인 사고과정이 아니라, 반성과 반사의 과정이어야만 한다. 왜냐하면, 내재하는 선한 본성을 드러내는 과정에서는 어떠한 형태의 인식론적 주객관계도 성립하지 않으며, 인식론적 의미의 지식을 형성하지도 않기 때문이다. 그것은 도덕심성이 그 자신을 돌아보는 과정이고, 그 돌아보는 과정을 통해서 자신의 가치를 긍정해 가는 과정이다.

따라서 맹자가 말하는 '사思'를 굳이 풀어 설명한다면, 결국 '반성적 사고'이며, 동시에 주체의 자기긍정이다. 이러한 자기긍정 혹은 자기 가치에 대한 자각을 통해서 드러나는 주체가 바로 맹자가 말하는 실천행위의 가능 근거이면서, 그 실천행위의 주체이기도 하다. 주체의 자기긍정이 실천행위의 가능 근거가 되고, 실천행위의 주체가 된다는 것은 인간의 실천행위가 스스로 방향을 정하여 자발적이고 자율적으로 행해지게 된다는 것을 의미한다. 만약 이러한 자연적 성향에 의해 제한되지 않는 도덕 주체를 승인하지 않는다면, 모든 인간의 실천행위는 타율적인 것이 되며 자율적이거나 자발적인 행위를 기대할 수 없게 된다. 자기가치의 긍정으로부터 생성된 가치의식을 그 내용으로 하는 주체의 자각 혹은 반성적 사고는 바로 이런 의미에서 인간의 길을 가기 위한 주관적 조건이 된다.

열여섯 번째

16

孟子曰, "有天爵者, 有人爵者. 仁義忠信, 樂善不倦, 此天爵也. 公卿大夫, 此人爵也. 古之人修其天爵, 而人爵從之. 今之人修其天爵, 以要人爵, 旣得人爵, 而棄其天爵, 則惑之甚者也. 終亦必亡而已矣."

맹자가 말하였다. “천天이 주는 벼슬인 천작天爵이 있고, 사람이 주는 벼슬인 인작人爵이 있습니다. 인의仁義와 충신忠信, 선善을 좋아하는 것에 지치지 않는 것은 천작이고, 공公·경卿·대부大夫와 같은 벼슬은 인작입니다. 옛날 사람들은 천작을 닦아 인작이 저절로 따라오게 했습니다. 지금 사람들이 천작을 닦는 것은 바로 인작을 구하기 위해서입니다. 그리고 인작을 얻으면 그 천작을 버려 버리는데, 이런 사람은 미혹된 것이 심한 사람입니다. 결국은 반드시 인작 또한 잃고 망하게 될 뿐입니다.”

역자 해설

‘천작’이란 천이 준 벼슬이다. 구체적으로는 인의仁義, 충신忠信과 선善을 좋아하고 또 그 좋아하는 마음이 변치 않고 지치지 않는 것을 가리킨다. 이것은 다름 아닌 인간의 선한 본성이다. 특히 이 선한 본성이 바로 천이 준 것이라는 점은 중요한 의미가 있다. 도덕과 도덕적 본성의 보편성과 절대성이 바로 이 천과의 연결을 통해 확보되기 때문이다. 선은 이제 나의 선이 아닌, 우리 모두의 선이 되고, 선한 본성은 우리 모두의 선한 본성이 되며, 그것은 흔들리지 않는 절대적 토대를 가지게 되는 것이다.

17

孟子曰, "欲貴者, 人之同心也. 人人有貴於己者, 弗思耳. 人之所貴者, 非良貴也, 趙孟之所貴, 趙孟能賤之. 詩云, '既醉以酒, 既飽以德.' 言飽乎仁義也, 所以不願人之膏粱之味也, 令聞廣譽施於身, 所以不願人之文繡也."

맹자가 말하였다. "존귀한 사람이 되고 싶은 것은 사람의 공통된 마음입니다. 사람마다 자신에게 이미 존귀한 것이 있지만 그것을 생각하지 못할 뿐입니다. 다른 사람이 존귀하게 해주는 것은 진정으로 존귀한 것이 아니어서, 조맹趙孟이 귀하게 해준 것은 조맹이 다시 천하게 할 수도 있습니다. 『시경』에 '이미 술로 취하였고, 이미 덕德으로 배불렀다.'라고 말하였는데, 이것은 인의仁義로 배부른 까닭에 다른 사람의 기름진 고기와 기장밥을 바라지 않으며, 좋은 소문과 넓은 명예가 몸에 갖춰져 있는 까닭에 다른 사람의 아름다운 무늬로 수놓은 옷을 바라지 않는다는 것을 말한 것입니다."

역자 해설

조맹趙孟은 진晉나라의 경卿으로, 다른 사람을 관직에 임명할 수 있지만, 동시에 임명한 관직을 빼앗을 수 있다. '조맹趙孟이 귀하게 해준 것은 조맹이 다시 천하게 할 수도 있다'는 말이 바로 그 뜻이다. 앞 절에서 말한 '천작天爵'은 그 누구도 다시 빼앗을 수 없는 귀한 것이라는 점이 부각된다.

열여덟 번째

18

孟子曰, "仁之勝不仁也, 猶水勝火. 今之爲仁者, 猶以一杯水, 救一車薪之火也, 不熄, 則謂之水不勝火. 此又與於不仁之甚者也, 亦終必亡而已矣."

맹자가 말하였다. "인仁이 불인不仁을 이기는 것은 물이 불을 이기는 것과 같습니다. 그런데 요즘 인을 실천하는 사람들은 한 잔의 물을 가지고, 수레 가득 실려 있는 장작에 붙은 불을 끄는 것과 같아서, 그렇게 해서 불이 꺼지지 않으면 물이 불을 이기지 못한다고 말합니다. 이런 사람은 매우 불인한 사람이어서, 결국은 반드시 망하게 될 뿐입니다."

역자 해설

전국시대 당시의 다양한 정치 사회적인 문제를 '인仁'으로 해결할 수 있다는 맹자의 생각이 드러나는 부분이다. 그런데 사람들은 당시처럼 위급하고 혼란한 시기에는 '인'만으로 문제를 해결할 수 없다고 생각하며, 다른 해결책을 찾는데 몰두한다. 자신의 '인'이 한 잔의 물에 불과하다는 사실은 돌아보지 않고, 그 작은 '인'으로 크게 불이 난 집의 불을 끌 수는 없다고 불만스러워하는 세태를 지적하고 있다.

열아홉 번째

19

孟子曰, "五穀者, 種之美者也. 苟爲不熟, 不如荑稗. 夫仁亦在乎熟之而已矣."

맹자가 말하였다. "오곡五穀은 여러 곡식의 씨앗 중에서 좋은 것입니다. 그런데 진정 제대로 여물지 않으면 피보다도 못합니다. 인仁 또한 숙성 여부에 달려 있을 뿐입니다."

스무 번째

20

孟子曰, "羿之教人射, 必志於彀, 學者亦必志於彀. 大匠誨人, 必以規矩, 學者亦必以規矩."

맹자가 말하였다. "활을 잘 쏘는 예羿가 다른 사람에게 활쏘기를 가르칠 때는 반드시 활시위를 끝까지 당기도록 하였고, 배우는 사람 역시 반드시 활시위를 끝까지 당기려고 생각했습니다. 대목이 사람을 가르칠 때는 반드시 곡척曲尺과 걸음쇠(컴퍼스)를 가지고 가르치니, 목수 일을 배우는 사람 역시 반드시 곡척과 걸음쇠(컴퍼스)를 가지고 배웁니다."

역자 해설

예가 활쏘기를 가르치고 배울 때는 활시위를 끝까지 당기도록 했고, 대목이 목수 일을 가르치고 배울 때는 곡척과 걸음쇠(컴퍼스)를 가지고 가르치고 배웠는데, 인을 실천하는 것도 이와 다르지 않다는 점을 이야기하고 있다. 가장 기초적인 것부터 마음을 다해야 한다는 뜻으로 이해할 수 있다.

12. 고자장구告子章句 하下

첫 번째

1

任人有問屋廬子曰, "禮與食孰重."

曰, "禮重."

"色與禮孰重."

曰, "禮重."

曰, "以禮食, 則飢而死. 不以禮食, 則得食, 必以禮乎? 親迎, 則不得妻. 不親迎, 則得妻, 必親迎乎!"

屋廬子不能對, 明日之鄒以告孟子.

孟子曰, "於答是也何有? 不揣其本而齊其末, 方寸之木可使高於岑樓. 金重於羽者, 豈謂一鉤金與一輿羽之謂哉? 取食之重者, 與禮之輕者而比之, 奚翅食重? 取色之重者, 與禮之輕者而比之, 奚翅色重? 往應之曰, '紾兄之臂而奪之食, 則得食. 不紾, 則不得食, 則將紾之乎? 踰東家牆而摟其處子, 則得妻. 不摟, 則不得妻, 則將摟之乎?'"

임任나라 사람이 맹자의 제자 옥려자屋廬子에게 물었다. "예禮와 먹을 것 가운데 어느 것이 더 중요합니까?"

옥려자가 대답하였다. "예가 중요합니다."

"여색(色)과 예 가운데 어느 것이 더 중요합니까?"

"예가 중요합니다."

"예를 갖춰 먹을 것을 찾으면 굶어 죽게 되고, 예를 갖추지 않고 먹을 것을 찾으면 음식을 얻을 수 있는데도 반드시 예를 갖춰야 합니까? 친영親迎, 곧 예를 갖춰 맞으면 아내를 얻지 못하고, 예를 갖추지 않고 맞으면 아내를 얻을 수 있더라도 반드시 친영해야 합니까?"

옥려자가 대답하지 못하고, 다음날 추鄒나라로 가서 맹자에게 이야기하였다.

맹자가 말하였다. "그것에 답하는 것이 무슨 어려움이 있겠는가? 그 근본을 헤아리지 않고 그 끝만을 비교한다면, 사방 한 치 되는 나무를 높은 누각보다 높게 할 수 있네. 쇠가 깃털보다 무겁다고 말하지만, 그 말이 어떻게 쇠갈고리 한 개와 한 수레 가득 실은 깃털을 비교해 말하는 것이겠는가? 먹을 것 중에서 중요한 것과 예 중에서 가벼운 것을 선택해 비교한다면, 어떻게 먹을 것이 중요할 뿐이겠는가? 여색에서 중요한 것과 예에서 가벼운 것을 선택해 비교한다면 어떻게 여색이 중요할 뿐이겠는가? 가서 그 질문에 이렇게 대답하면 되네. '형의 팔을 비틀어서 먹을 것을 빼앗으면 먹을 것을 얻을 수 있고, 형의 팔을 비틀지 않으면 먹을 것을 얻을 수 없는 경우에도 형의 팔을 비틀겠는가? 동쪽 집의 담을 넘어가 그 집의 처녀를 끌고 오면 아내를 얻고, 끌고 오지 못하면 아내를 얻지 못하는데도 처녀를 끌고 오겠는가?'"

역자 해설

일반적이고 원론적인 측면에서 보자면 당연히 식색食色보다 예禮가 더욱 중요하다고 말할 수 있다. 하지만 구체적인 사례 속에서 예와 식색의 관계가 그렇게 단순하게 규정되거나 설명될 수는 없다.

두 번째

2

曹交問曰, "人皆可以爲堯舜, 有諸."

孟子曰, "然." "交聞文王十尺, 湯九尺, 今交九尺四寸以長, 食粟而已, 如何則可."

曰, "奚有於是? 亦爲之而已矣. 有人於此, 力不能勝一匹雛, 則爲無力人矣. 今曰擧百鈞, 則爲有力人矣. 然則擧烏獲之任, 是亦爲烏獲而已矣. 夫人豈以不勝爲患哉? 弗爲耳. 徐行後長者謂之弟, 疾行先長者謂之不弟. 夫徐行者, 豈人所不能哉? 所不爲也. 堯舜之道, 孝弟而已矣. 子服堯之服, 誦堯之言, 行堯之行, 是堯而已矣. 子服桀之服, 誦桀之言, 行桀之行, 是桀而已矣."

曰, "交得見於鄒君, 可以假館, 願留而受業於門."

曰, "夫道, 若大路然, 豈難知哉? 人病不求耳. 子歸而求之, 有餘師."

조교曹交가 물었다. "사람이라면 누구나 요堯와 순舜 같이 될 수 있다고 한 적이 있습니까?"

맹자가 말하였다. "네. 있습니다."

조교가 말하였다. "제가 듣기로 문왕文王은 키가 10척尺이었고, 탕湯은 9척이었습니다. 지금 저의 키는 9척 4촌寸이나 되는데, 겨우 양식만 축내고 있을 뿐이니, 어떻게 하면 좋겠습니까?"

맹자가 말하였다. "그것이 무슨 관계가 있겠습니까? 다만 노력하기만 하면 될 뿐입니다. 여기 어떤 사람이 병아리 한 마리조차 이기지 못한다고 생각한다면 힘이 없는 사람이 될 것이지만, 이제 100균鈞을 든다고 말한다면 힘이 센 사람이 될 것입니다. 그러므로 옛날의 장사 오획烏獲이 들 수 있었던 것을 들어 올린다면, 그 또한 오획과 같은 사람이 될 뿐이니, 사람이 어떻게 감당하지 못할 것을 걱정하겠습니까? 그렇게 하지 않을 뿐입니다. 천천히 걸어서 연장자보다 뒤에 가는 것을 '공경한다'라고 하고, 빨리 걸어서 연장자보다 앞서가는 것을 '공경하지 않는다'라고 하는데, 천천히 걸어가는 것을 어떻게 사람이 할 수 없겠습니까? 이것은 하지 않는 것입니다. 요堯와 순舜의 도는 효孝와 공경(弟)일 뿐입니다. 당신이 요堯의 옷을 입고, 요가 했던 말을 하며, 요의 행동대로 실천한다면, 바로 요일 뿐입니다. 당신이 걸桀의 옷을 입고, 걸이 했던 말을 하며, 걸의 행동대로 실천한다면, 바로 걸이 될 뿐입니다."

조교가 말하였다. "제가 추나라 군주를 만나면 관사館舍를 빌릴 수 있을 것입니다. 그곳에 머물면서 선생에게 배우고 싶습니다."

맹자가 말하였다. "도道는 큰길과 같은데, 어떻게 알기 어렵겠습니까? 사람들의 문제는 그것을 찾지 않는 것일 뿐입니다. 당신이 돌아가 찾으면, 다른 스승이 있을 것입니다."

역자 해설

'사람이라면 누구나 요堯와 순舜 같이 될 수 있다'는 주장은 후대에도 오랫동안 맹자를 비판하는 원인이 되었지만, 이 구절에서 보자면 맹자 당시에도 이미 사람들에게 비판 거리가 되었던 것으로 추측된다. 맹자가 제시하고 있는 요나 순과 같이 되는 방법은 효제孝弟를 실천하는 것이었고, 그것은 사람들이 하지 않을 뿐이지, 누구나 할 수 있는 것이라고 말한다. 맹자가 볼 때, 이 효제는 사람의 선한 본성에 뿌리내리고 있기 때문이다.

세 번째

3

公孫丑問曰, "高子曰, '小弁, 小人之詩也.'"

孟子曰, "何以言之."

曰, "怨."

曰, "固哉, 高叟之爲詩也! 有人於此, 越人關弓而射之, 則己談笑而道之. 無他, 疏之也. 其兄關弓而射之, 則己垂涕泣而道之. 無他, 戚之也. 小弁之怨, 親親也. 親親, 仁也. 固矣夫, 高叟之爲詩也!"

曰, "凱風何以不怨."

曰, "凱風, 親之過小者也. 小弁, 親之過大者也. 親之過大而不怨, 是愈疏也. 親之過小而怨, 是不可磯也. 愈疏, 不孝也. 不可磯, 亦不孝也. 孔子曰, '舜其至孝矣, 五十而慕.'"

공손추公孫丑가 물었다. "고자高子가 '『시경』「소변小弁」의 시는 소인小人의 시'라고 말하였습니다."

맹자가 말하였다. "무엇 때문에 그렇게 말한 것인가?"

"시에 원망하는 마음이 담겨있기 때문이라고 합니다."

"고 노인의 시를 보는 눈이 고루固陋하구나! 여기 어떤 사람이 있는데 월나라 사람에게 활을 쏘려고 하면 자네는 웃으며 그 일을 이야기하는데, 그것은 다른 이유가 있는 것이 아니라 그 사람을 알지 못해서 라네. 그런데 만약 형에게 쏘려고 하면, 자네는 눈물을 흘리며 말릴 것인데, 그것은 다른 이유가 있는 것이 아니라, 그가 혈육이라서 라네. 「소변」 시의 원망은 바로 혈육을 혈육으로 여긴 것이고, 혈육을 혈육으로 여기는 것이 인仁이네. 고 노인의 시를 보는 눈이 얼마나 고루한가!"

"『시경』 「개풍凱風」의 시에서는 무엇 때문에 원망하지 않았습니까?"

"「개풍」의 시는 부모의 잘못이 작은 경우이고, 「소변」의 시는 부모의 잘못이 큰 경우라네. 부모의 잘못이 큰데도 원망하지 않는다면, 이것은 (혈육의 관계가 아닌, 남남과 같은) 소원한 관계를 만든다네. 부모의 잘못이 작은데도 원망한다면, 이것은 조그만 일에도 화를 내서 부모를 거스르는 것이네. 더욱 소원한 관계를 만드는 것도 불효不孝이고, 부모를 거스르는 것도 불효라네. 공자는 '순舜은 지극한 효자구나. 50세가 되도록 부모를 사모하였으니.'라고 말하였다네."

역자 해설

『시경』 「소변小弁」의 시는 주나라의 유왕幽王이 태자 의구宜臼를 폐위하고 애첩의 자식을 태자로 책봉하자, 폐위 당한 태자 의구가 지은 시이다. 「개풍」의 시는 위나라의 일곱 아들이 그 어머니를 위로하는 내용이다. 자식이 부모의 잘못에 대처하는 태도나 방법을 주제로 한다.

네 번째

4

宋牼將之楚, 孟子遇於石丘. 曰, "先生將何之."

曰, "吾聞秦楚構兵, 我將見楚王說而罷之. 楚王不悅, 我將見秦王說而罷之, 二王我將有所遇焉."

曰, "軻也請無問其詳, 願聞其指. 說之將何如."

曰, "我將言其不利也."

曰, "先生之志則大矣, 先生之號則不可. 先生以利說秦楚之王, 秦楚之王悅於利, 以罷三軍之師, 是三軍之士樂罷而悅於利也. 爲人臣者懷利以事其君, 爲人子者懷利以事其父, 爲人弟者懷利以事其兄. 是君臣 · 父子 · 兄弟終去仁義, 懷利以相接, 然而不亡者, 未之有也. 先生以仁義說秦楚之王, 秦楚之王悅於仁義, 而罷三軍之師, 是三軍之士樂罷而悅於仁義也. 爲人臣者懷仁義以事其君, 爲人子者懷仁義以事其父, 爲人弟者懷仁義以事其兄, 是君臣 · 父子 · 兄弟去利, 懷仁義以相接也. 然而不王者, 未之有也. 何必曰利."

송경宋牼이 초楚나라로 가고 있었는데, 맹자가 석구石丘에서 그와 마주쳤다. 맹자가 말하였다. "선생께서는 어디로 가십니까?"

송경이 답하였다. "진秦나라와 초楚나라가 전쟁을 일으킬 것이라는 소문을 듣고, 초楚나라 왕을 만나 전쟁을 그만두도록 설득하려 합니다. 초나라 왕이 내 말을 듣지 않으면, 다시 진秦나라 왕을 만나 싸움을 그만두도록 설득할 것입니다. 이 두 왕 가운데 나와 뜻이 맞는 사람이 있을 것입니다."

맹자가 말하였다. "저는 그 상세한 내용을 묻고 싶지는 않습니다만, 대강의 요지를 듣고 싶습니다. 말씀은 어떻게 하려고 하십니까?"

송경이 답하였다. "전쟁하는 것에 이익이 없다는 것을 말하려고 합니다."

맹자가 말하였다. "선생의 뜻은 크고 훌륭하지만, 주장은 옳지 않습니다. 선생이 이익을 가지고 진나라와 초나라 왕을 설득하면, 진나라와 초나라 왕은 이익이 되는 것을 좋아해 삼군三軍의 군대를 해산하게 되고, 이렇게 되면 삼군의 병사들은 군대를 해산하는 것을 즐거워하면서, 이익이 되는 것을 좋아할 것입니다. 신하가 이익을 계산해 그 군주를 섬기고, 자식이 이익을 계산해 그 부모를 섬기며, 아우가 이익을 생각해 그 형을 섬긴다면, 군신君臣과 부자父子와 형제兄弟가 결국 인의仁義를 버리고 이익만을 계산하며 서로를 대할 것입니다. 그렇게 하고서도 망하지 않은 사람은 없습니다. 선생이 인의를 가지고 진나라와 초나라의 왕을 설득하면, 그들은 인의를 좋아하여 삼군의 군대를 해산할 것입니다. 이렇게 되면 삼군의 군사들이 군대를 해산하는 것을 즐거워하면서, 인의를 좋아할 것입니다. 신하가 인의를 생각해 그 군주를 섬기고, 자식이 인의를 생각해 그 부모를 섬기며, 아우가 인의를 생각해 그 형을 섬길 것이니, 이렇게 되면 군신과 부자와 형제가 이익을 버리고 인의를 생각하며 서로를 대할 것입니다. 그렇게 되고서도 왕이 되지 못한 사람은 없습니다. 그런데 하필 이익을 말씀하십니까?"

역자 해설

송경宋牼은 『장자』, 『순자』, 『한비자』 등에 등장하는 송견宋銒, 송영자宋榮子와 동일 인물이다. 이 구절에서도 확인되듯 침략전쟁을 반대하면서 전쟁을 막기 위해 일생 노력한 사람이었다. 기원전 280년부터 기원전 238년의 약 40년 가까운 시간 동안 진나라와 초나라는 수차례 전쟁을 벌였다. 맹자가 송경을 만났을 때도 이 두 나라는 전쟁을 벌이는 중이었다. 이 전쟁을 막기 위해 송경은 초나라로 달려가 그 왕을 설득하려고 하였다. 그런데 이 송경이 초나라 왕을 설득하는 명분은 '이해득실', 곧 '전쟁이 이롭지 않다'는 점이었다. 그와 같은 송경의 생각에 실망한 맹자는 전쟁을 막는 명분으로 이익을 내세워서는 안 된다고 말한다. 결국, 진나라와 초나라의 전쟁이 일어난 것도 이익을 추구하는 욕망에 토대를 두고 있어서, 이익을 가지고 그들을 설득할 수도 설득해서도 안 된다는 것을 말하고 있다. 그리고 평화는 인의에 기초해야만 비로소 실현될 수 있다는 점을 강조한다.

다섯 번째

5

孟子居鄒, 季任爲任處守*, 以幣交, 受之而不報. 處於平陸, 儲子爲相, 以幣交, 受之而不報. 他日由鄒之任, 見季子, 由平陸之齊, 不見儲子.

屋廬子喜曰, "連得閒矣." 問曰, "夫子之任見季子, 之齊不見儲子, 爲其爲相與."

曰, "非也. 書曰, '享多儀, 儀不及物曰不享, 惟不役志于享.' 爲其不成享也."

屋廬子悅. 或問之. 屋廬子曰, "季子不得之鄒, 儲子得之平陸."

* 처수處守는 제후가 자리를 비웠을 때, 국정을 대리하는 것이자 그 직위를 가리킨다. 처수를 맡은 계임은 임나라 제후의 동생이었다.

맹자가 추나라에 있을 때, 계임季任이 임나라의 처수處守가 되어 선물을 보내오자 맹자는 선물을 받고 답례答禮는 하지 않았다. 맹자가 제나라 평륙平陸에 있을 때, 저자儲子가 정승이 되었는데, 그가 선물을 보내오자 맹자는 선물을 받기만 하고 답례하지 않았다. 뒤에 추나라에서 임나라로 가서는 계자季子(계임)를 만났지만, 평륙에서 제齊나라로 가서는 저자儲子를 만나지 않았다.

옥려자屋廬子가 웃으며 말하였다. "제가 질문할 기회를 얻었습니다." 그러면서 물었다. "선생님께서 임나라에 가셨을 때 계자를 만나보셨는데, 제나라에 가셨을 때는 저자를 만나보지 않으신 것은, 그가 제나라의 재상에 불과했기 때문입니까?"

맹자가 말하였다. "그것이 아니라네. 『서경』에 '사람을 대접할 때 예의에 따라 진행하는 의식이 많은데, 예의에 따른 의식이 선물보다 못하면 사람을 대접했다고 할 수 없다. 마음으로 대접하지 않았기 때문이다.'라고 하였는데, 내가 저자를 만나지 않은 것은, 그가 예의에 맞게 대접하지 않았기 때문일세."

옥려자가 이해하고 기뻐하자, 다른 사람이 그 까닭을 물었다. 옥려자가 답하였다. "계자는 추나라에 갈 수 있는 형편이 아니었지만, 저자는 평륙에 갈 수 있었던 것이네."

여섯 번째
6

淳于髡曰, "先名實者, 爲人也. 後名實者, 自爲也. 夫子在三卿之中, 名實未加於上下而去之. 仁者固如此乎."

孟子曰, "居下位, 不以賢事不肖者, 伯夷也. 五就湯, 五就桀者, 伊尹也. 不惡汙君, 不辭小官者, 柳下惠也. 三子者不同道, 其趨一也. 一者何也? 曰, 仁也. 君子亦仁而已矣, 何必同."

曰, "魯繆公之時, 公儀子爲政, 子柳·子思爲臣, 魯之削也滋甚. 若是乎賢者之無益於國也!"

曰, "虞不用百里奚而亡, 秦穆公用之而霸. 不用賢則亡, 削何可得與."

曰, "昔者王豹處於淇, 而河西善謳. 綿駒處於高唐, 而齊右善歌. 華周·杞梁之妻善哭其夫, 而變國俗. 有諸內必形諸外. 爲其事而無其功者, 髡未嘗睹之也. 是故無賢者也, 有則髡必識之."

曰, "孔子爲魯司寇, 不用, 從而祭, 燔肉不至, 不稅冕而行. 不知者以爲爲肉也, 其知者以爲爲無禮也. 乃孔子則欲以微罪行, 不欲爲苟去. 君子之所爲, 衆人固不識也."

순우곤淳于髡이 말하였다. "명예와 실적을 우선시하는 것은 세상의 다른 사람을 위하는 것이고, 명예와 실적을 뒤로하는 것은 자신만을 위하는 것입니다. 선생께서는 삼경三卿 가운데 한 분이었는데, 명예와 실적이 위나 아래에 하나도 세워 더해지지 않았는데 떠나셨습니다. 인仁을 실천하는 사람도 본래 이와 같습니까?"

맹자가 말하였다. "낮은 지위에 있으면서 그 현명함으로 못난 사람을 섬기지 않은 사람이 백이伯夷였고, 다섯 번 탕湯에게 나아가고 다섯 번 걸桀에게 나아간 사람이 이윤伊尹이었으며, 더러운 군주도 싫어하지 않고 낮은 관직도 사양하지 않은 사람이 류하혜柳下惠였으니, 이 세 사람은 방법이 달랐지만, 그 취지는 하나로 같았는데, 그 하나가 무엇이겠습니까? 바로 인仁입니다. 군자는 다만 인을 행할 뿐인데, 어떻게 반드시 방법이 같아야 하겠습니까?"

순우곤이 말하였다. "노魯나라 목공繆公 때에 공의자公儀子가 정치를 하였고, 자류子柳와 자사子思 같은 사람이 신하로 있었지만, 노나라의 국토가 많이 줄어들었으니, 이처럼 현자賢者가 나라에 무익한 것입니까?"

맹자가 말하였다. "우虞나라는 백리해百里奚를 쓰지 않아서 망하였고, 진秦나라 목공穆公은 그를 등용하여 패자霸者가 되었습니다. 현명한 사람을 쓰지 않으면 나라가 망하는데, 어떻게 국토가 줄어드는 정도로 끝나겠습니까?"

순우곤이 말하였다. "옛적에 왕표王豹란 사람이 기수淇水 강변에 살자, 하서河西 지방 사람들이 노래를 잘하였고, 면구綿駒란 사람이 고당高唐에 살자, 제나라 서쪽 지방 사람들이 노래를 잘하였으며, 화주華周와 기량杞梁의 부인이 그 남편의 상喪에 곡哭을 잘해서, 나라의 풍속을 변하게 했습니다. 안에 있는 것은 반드시 밖으로 나타나게 되니, 일했는데도 그 공적이 없는 것을 저는 본 적이 없습니다. 그러므로 현자는 없고, 있다면 제가 반드시 알았을 것입니다."

맹자가 말하였다. "공자는 노魯나라의 사구司寇가 되었으나 그 주장이 받아들여지지 않았고, 게다가 제사를 지낸 뒤에 제사 지낸 고기를 보내오지 않자, 면복도 벗지 않고 떠났습니다. 공자를 알지 못하는 사람들은 음복고기 때문에 떠났다고 생각하고, 공자를 아는 사람들은 무례했기 때문에 떠났다고 생각하였습니다. 그러나 공자는 작은 잘못을 핑계 삼아 떠나려고 하셨지, 구차스럽게 이유 없이 떠난다며 오해받는 것을 원치 않았습니다. 이처럼 군자가 그렇게 하는 까닭을 보통사람들은 진정 알지 못하는 것입니다."

역자 해설

맹자가 실권이 없는 명목상의 지위인 제나라의 객경客卿으로 있다가 아무런 공적도 없이 떠나는 것에 대한 순우곤의 비판, 그리고 그 비판에 대한 맹자의 응대가 주요 내용이다.

일곱 번째

7

孟子曰, "五霸者, 三王之罪人也. 今之諸侯, 五霸之罪人也. 今之大夫, 今之諸侯之罪人也. 天子適諸侯曰巡狩, 諸侯朝於天子曰述職. 春省耕而補不足, 秋省斂而助不給. 入其疆, 土地辟, 田野治, 養老尊賢, 俊傑在位, 則有慶, 慶以地. 入其疆, 土地荒蕪, 遺老失賢, 掊克在位, 則有讓. 一不朝, 則貶其爵. 再不朝, 則削其地. 三不朝, 則六師移之. 是故天子討而不伐, 諸侯伐而不討. 五霸者, 摟諸侯以伐諸侯者也, 故曰, 五霸者, 三王之罪人也. 五霸, 桓公爲盛. 葵丘之會諸侯, 束牲·載書而不歃血. 初命曰, '誅不孝, 無易樹子, 無以妾爲妻.' 再命曰, '尊賢育才, 以彰有德.' 三命曰, '敬老慈幼, 無忘賓旅.' 四命曰, '士無世官, 官事無攝, 取士必得, 無專殺大夫.' 五命曰, '無曲防, 無遏糴, 無有封而不告.' 曰, '凡我同盟之人, 旣盟之後, 言歸于好.' 今之諸侯, 皆犯此五禁, 故曰, 今之諸侯, 五霸之罪人也. 長君之惡其罪小, 逢君之惡其罪大. 今之大夫, 皆逢君之惡, 故曰, 今之大夫, 今之諸侯之罪人也."

맹자가 말하였다. "오패五霸는 삼왕三王의 죄인이고, 현재의 제후들은 오패의 죄인이며, 현재의 대부들은 현 제후의 죄인입니다. 천자가 제후에게 가 보고받는 것을 '순수巡狩'라 하고, 제후가 조회에서 천자에게 보고하는 것을 '술직述職'이라 합니다. 봄에는 밭 가는 것을 살펴서 부족한 것을 보충해주고, 가을에는 추수하는 것을 살펴 넉넉하지 못한 것을 도와줍니다. 천자가 제후의 봉지에 들어가서 토지가 잘 개간되고 농토가 잘 정리되어 있으며, 노인을 봉양하고 현자賢者를 존중하며 걸출한 인재가 벼슬자리에 있으면 상을 주는데, 상은 땅으로 줍니다. 천자가 제후의 봉

지에 들어갔을 때 토지가 황폐하고 노인을 돌보지 않으며, 현자가 등용되지 않고, 세금을 잘 거두는 사람들이 벼슬자리에 있으면 꾸짖습니다. 제후가 한 번 조회하지 않으면 그 관작官爵을 강등降等하고, 두 번 조회하지 않으면 그 영토를 줄이고, 세 번 조회하지 않으면 천자의 군대로 제후를 토벌합니다. 그러므로 천자는 죄를 묻기 위해 토벌하지, 땅을 넓히려 정벌征伐하지 않고, 제후는 정벌할 뿐 토벌하지 못합니다. 그런데 오패는 제후를 끌어모아 제후를 정벌하였습니다. 그래서 '오패는 삼왕三王에게 죄를 지은 죄인'이라고 말한 것입니다. 오패 중에 제齊나라 환공桓公이 가장 강성하였는데, 규구葵丘의 회맹會盟에서 제후들을 모아놓고 희생을 묶어, 그 위에 맹세하는 글을 올려놓았을 뿐, 희생의 피를 마시지 않았습니다. 그 맹세의 첫째 조항은 '불효不孝한 사람을 죽이고, 세자世子를 바꾸지 않으며, 첩妾을 처로 삼지 않는다.'는 것이었고, 둘째 조항은 '현자를 존중하고 인재를 기르며, 덕德 있는 사람을 표창한다.'는 것, 셋째 조항은 '노인을 공경하고, 어린아이를 사랑하며, 손님과 나그네를 소홀히 하지 않는다.'는 것, 넷째 조항은 '사士에게는 관직을 세습시키지 않으며, 관직의 일은 겸직시키지 않고, 사士를 등용할 때는 반드시 적임자를 얻도록 하며, 독단으로 대부를 죽이지 않는다.'는 것, 다섯째 조항은 '제방을 경계 너머로 구부려 쌓지 않으며, 쌀을 사들이는 것을 막지 않고, 대부에 봉한 것을 보고하지 않는 일이 없도록 한다.'는 것이었습니다. 그리고 '함께 맹약한 우리는 맹세한 뒤에, 약속한 내용을 잘 지키자.'라고 하였습니다. 그런데 지금의 제후들은 모두 이 다섯 가지 금지 조항을 지키지 않고 있습니다. 그래서 '현재의 제후들은 오패의 죄인'이라 말한 것입니다. 군주의 악惡을 막지 않고 키우는 것은 그 죄가 작고, 군주의 악을 앞서서 이끌어 가는 것은 그 죄가 큽니다. 지금의 대부들은 모두 군주의 악을 앞서서 이끌고 있으니, '현재의 대부들은 현 제후의 죄인'이라고 말한 것입니다."

역자 해설

오패는 삼왕에게 죄를 지은 죄인이고, 맹자 당시의 제후들은 오패에게 죄를 지은 죄인이며, 맹자 당시의 대부는 그 당시의 제후에게 죄를 지은 죄인이라고 설명한다. 오패는 춘추시대의 다섯 패자를, 삼왕은 하의 우禹와 상의 탕湯, 주의 문왕을 뜻한다. 규구葵丘에서의 회맹會盟은 기원전 651년에 있었다. 제齊나라의 환공桓公이 노魯나라, 송宋나라, 위衛나라, 정鄭나라 허許나라, 조曹나라의 국상을 소집해 송나라 규구에서 맹약을 맺은 것을 가리킨다. 이 규구葵丘는 현재의 하남성 상구시商丘市의 언덕이다. 본래 이와 같은 회맹에서는 동물을 희생으로 바쳐 맹세하면서 그 피를 함께 마시거나, 그 피를 입술에 바르는 삽혈의 의식을 진행해 서로의 신뢰를 확인하였지만, 이 규구의 회맹에서는 제나라 환공의 위세가 이런 신뢰를 확인할 필요조차 없을 만큼 크게 작용하면서, 희생의 피조차 마시지 않게 되었다.

여덟 번째

8

魯欲使愼子爲將軍. 孟子曰, "不敎民而用之, 謂之殃民. 殃民者, 不容於堯舜之世. 一戰勝齊, 遂有南陽, 然且不可."

愼子勃然不悅曰, "此則滑釐所不識也."

曰, "吾明告子. 天子之地方千里. 不千里, 不足以待諸侯. 諸侯之地方百里. 不百里, 不足以守宗廟之典籍. 周公之封於魯, 爲方百里也. 地非不足, 而儉於百里. 太公之封於齊也, 亦爲方百里也. 地非不足也, 而儉於百里. 今魯方百里者五, 子以爲有王者作, 則魯在所損乎? 在所益乎? 徒取諸彼以與此, 然且仁者不爲, 況於殺人以求之乎? 君子之事君也, 務引其君以當道, 志於仁而已."

노魯나라에서 신자愼子를 장군將軍으로 임명하려고 하였다. 맹자가 말하였다. "백성을 가르치려 하지 않고 전쟁에 동원해 쓰는 것은 백성을 재앙에 빠뜨린다고 합니다. 백성을 재앙에 빠뜨리는 사람은 요堯와 순舜의 세상에서는 용납되지 않았습니다. 한 번 전쟁을 일으켜 제齊나라를 이겨, 남양南陽 땅을 차지한다 해도 그렇게 해서는 안 됩니다."

신자가 발끈 성을 내며 말하였다. "그것은 제가 알지 못하는 것입니다."

맹자가 말하였다. "제가 분명하게 당신에게 말해주겠습니다. 천자天子의 땅은 사방 천 리인데, 천 리가 못 되면 제후들을 대우할 수 없습니다. 제후의 땅은 사방 백 리인데, 백 리가 못 되면 종묘宗廟의 전적典籍을 지킬 수가 없습니다. 주공周公이 노나라의 제후에 봉해졌을 때, 그 땅은 사방 백 리였습니다. 땅이 부족한 것은 아니었으나 사방 백 리로 제한하였습니다. 태공太公을 제나라의 제후에 봉했을 때도 그 땅은 사방 백 리였습니다. 땅이 부족한 것은 아니었으나 사방 백 리로 제한하였습니다. 지금 노나라는 사방 백 리 되는 지역이 다섯인데, 그대가 생각하건대 만일 진정한 왕이 나온다면 노나라는 땅을 줄여야 되겠습니까, 넓혀야 되겠습니까? 저쪽에서 가져다 이쪽에 주는 것조차 인仁을 실천하는 사람은 하지 않는데, 어떻게 사람을 죽이면서 땅을 넓혀야 하겠습니까? 군자가 군주를 섬기는 것은 그 군주를 마땅히 가야 할 길로 인도하고, 인仁에 뜻을 두도록 하는 것에 힘쓸 뿐입니다."

아홉 번째

9

孟子曰, "今之事君者曰, '我能爲君辟土地, 充府庫.' 今之所謂良臣, 古之所謂民賊也. 君不鄕道, 不志於仁, 而求富之, 是富桀也. '我能爲君約與國, 戰必克.' 今之所謂良臣, 古之所謂民賊也. 君不鄕道, 不志於仁, 而求爲之强戰, 是輔桀也. 由今之道, 無變今之俗, 雖與之天下, 不能一朝居也."

맹자가 말하였다. "오늘날 군주를 섬기는 사람들은 모두 '나는 군주를 위하여 토지土地를 넓히고 창고를 가득 채울 수 있습니다.'라고 말합니다. 오늘날의 훌륭한 신하라 불리는 사람은 옛날 백성의 도적이라 불린 사람입니다. 군주가 도道를 향하지 않고, 인仁에 뜻을 두지 않는데도 그를 부유하게 해주려고 하는 것은, 폭군인 걸桀을 부유하게 해주는 것입니다. 또 '내가 군주를 위해 협약을 맺고, 전쟁하면 반드시 승리할 수 있습니다.'라고 말하는데, 오늘날의 훌륭한 신하라 불리는 사람은 옛날 백성의 도적이라 불린 사람입니다. 군주가 도道를 향하지 않고 인에 뜻을 두지 않는데도, 그를 위해 무리해 전쟁을 일으키려 하는 것은, 폭군인 걸을 도와주는 것입니다. 지금의 도를 따를 뿐, 지금의 풍속을 바꾸는 일이 없다면, 비록 천하를 주더라도 하루아침을 지탱하지 못할 것입니다."

열 번째 10

白圭曰, "吾欲二十而取一, 何如."

孟子曰, "子之道, 貉道也. 萬室之國, 一人陶, 則可乎."

曰, "不可, 器不足用也."

曰, "夫貉, 五穀不生, 惟黍生之. 無城郭 · 宮室 · 宗廟 · 祭祀之禮, 無諸侯幣帛饔飧, 無百官有司, 故二十取一而足也. 今居中國, 去人倫, 無君子, 如之何其可也? 陶以寡, 且不可以爲國, 況無君子乎? 欲輕之於堯舜之道者, 大貉小貉也. 欲重之於堯舜之道者, 大桀小桀也."

백규白圭가 말하였다. "내가 20분의 1을 조세租稅로 받으려고 하는데 어떻습니까?"

맹자가 말하였다. "그대의 방법은 맥貊나라의 방법입니다. 1만 가구가 사는 나라에서 한 사람이 질그릇을 만들어도 되겠습니까?"

백규가 말하였다. "안 됩니다. 질그릇이 쓰기에 부족할 것입니다."

맹자가 말하였다. "맥貉나라는 오곡五穀이 자라지 않고 겨우 기장만 자라니, 성곽城郭이나 궁실宮室, 종묘宗廟나 제사祭祀를 지내는 예절이 없고, 제후들과 예물을 교환하고 음식을 대접하는 일도 없으며, 백관百官이나 유사有司 같은 관리도 없습니다. 그러므로 20분의 1만 받아도 충분합니다. 지금 중국에 살면서 인륜人倫을 버리고 군자를 없앤다면 어떻게 되겠습니까? 질그릇이 너무 적어도 나라를 다스릴 수가 없는데, 더군다나 군자가 없어서야 되겠습니까? 요堯와 순舜의 방법보다 조세를 적게 받고자 하는 사람은 큰 오랑캐이거나 작은 오랑캐이고, 요堯와 순舜의 방법보다 조세를 더 많이 받으려고 하는 사람은 큰 걸桀이거나 작은 걸입니다."

열한 번째

11

白圭曰, "丹之治水也愈於禹."

孟子曰, "子過矣. 禹之治水, 水之道也. 是故禹以四海爲壑, 今吾子以鄰國爲壑. 水逆行, 謂之洚水. 洚水者, 洪水也, 仁人之所惡也. 吾子過矣."

백규가 말하였다. "제가 물을 관리하는 것이 우禹보다 낫습니다."

맹자가 말하였다. "그대의 말은 잘못되었습니다. 우가 물을 관리하는 방법은 물의 길을 따른 것입니다. 그래서 우는 사방의 바다를 물이 흘러 들어가는 개천으로 삼으셨는데, 지금 그대는 이웃 나라를 물이 흘러 들어가는 개천으로 삼았습니다. 물이 거슬러 흘러가는 것을 홍수洚水라 하는데, 홍수洚水는 큰물, 곧 홍수洪水이고 이것은 인을 실천하는 사람이 싫어하는 것입니다. 그대의 말은 잘못되었습니다."

열두 번째

12

孟子曰, "君子不亮*, 惡乎執."

* 량亮은 량諒의 뜻으로, 믿음, 신뢰를 뜻한다.

맹자가 말하였다. "군자가 믿음이 없다면, 어떻게 바로 세울 수 있겠는가?"

역자 해설

갑자기 던져진 이 한 구절에 어떤 의미가 함축되어 있는지 의견이 분분하다. 조기는 군자가 믿음이 없으면 설 수 없다(無信不立)는 『논어』 「안연」 편 공자의 말을 표현한 것으로 이해한다. 믿음이 없다면 타인과 올바른 관계나 자신의 삶을 바로 세울 수 없다는 의미로 해석한 것이다.

열세 번째

13

魯欲使樂正子爲政.

孟子曰, "吾聞之, 喜而不寐."

公孫丑曰, "樂正子强乎."

曰, "否."

"有知慮乎."

曰, "否."

"多聞識乎."

曰, "否."

"然則奚爲喜而不寐."

曰, "其爲人也好善."

"好善足乎."

曰, "好善優於天下, 而況魯國乎? 夫苟好善, 則四海之內, 皆將輕千里而來告之以善. 夫苟不好善, 則人將曰, '訑訑, 予旣已知之矣.' 訑訑之聲音顔色, 距人於千里之外. 士止於千里之外, 則讒諂面諛之人至矣. 與讒諂面諛之人居, 國欲治, 可得乎."

노나라에서 악정자樂正子에게 정치를 맡기려 하였다.

맹자가 말하였다. "내가 이 소문을 듣고 기뻐서 잠을 이루지 못했다."

공손추公孫丑가 말하였다. "악정자는 강한 사람입니까?"

맹자가 말하였다. "아니라네."

"지혜와 생각이 있습니까?"

맹자가 말하였다. "그렇지 않네."

"듣고 아는 것이 많습니까?"

맹자가 말하였다. "그렇지 않네."

"그렇다면 무엇 때문에 기뻐서 잠을 이루지 못하셨습니까?"

맹자가 말하였다. "그의 사람됨이 선善을 좋아한다네."

"선을 좋아하면 그것으로 충분한 것입니까?"

맹자가 말하였다. "선을 좋아하면 온 세상에 대해서도 충분한데, 겨우 노나라에서 충분하지 않겠는가? 만일 선을 좋아하면 세상 사람이 모두 천릿길을 가볍게 여기고 찾아와 좋은 것을 말해 줄 것이네. 만일 선을 좋아하지 않으면 사람들이 '교만하며 잘난 체할 것을 나는 벌써 알았다.'라고 말할 것이네. 잘난 체하는 음성과 얼굴빛이 사람을 천 리 밖에서 막아 버린다네. 사士가 천 리 밖에서 발걸음을 멈춘다면, 참소하고 아첨하며 앞에서 비위 맞추는 사람들이 가까이 올 것이네. 참소하고 아첨하며 앞에서 비위 맞추는 사람들과 함께 있다면, 나라가 다스려지기를 바란다고 다스려질 수 있겠는가?"

역자 해설

정치하는 데 있어서 물론 강하고, 지혜로우며 사려 깊을 뿐만 아니라, 많은 견문과 지식을 갖추는 것도 필요할 것이다. 맹자는 이런 덕목이나 요소들이 정치하는 데 필요 없다는 이야기를 하는 것이 아니다. 다만 이런 덕목들은 정치를 위한 필요조건이라면, 선을 좋아하는 것이야말로 충분조건이고, 악정자는 바로 이 조건을 갖추고 있다고 말한다. 선을 좋아하면 비록 필요한 덕목을 충분히 갖추고 있지 못하더라도, 그것에서 생겨나는 문제를 해결하고 극복할 힘을 가지게 된다고 생각했던 것이다.

열네 번째

14

陳子曰, "古之君子何如則仕."

孟子曰, "所就三, 所去三. 迎之致敬以有禮, 言將行其言也, 則就之. 禮貌未衰, 言弗行也, 則去之. 其次, 雖未行其言也, 迎之致敬以有禮, 則就之. 禮貌衰, 則去之. 其下, 朝不食, 夕不食, 飢餓不能出門戶, 君聞之曰, '吾大者不能行其道, 又不能從其言也, 使飢餓於我土地, 吾恥之.' 周之, 亦可受也, 免死而已矣."

진진陳臻이 말하였다. "옛날 군자들은 어떤 경우에 벼슬하였습니까?"

맹자가 말하였다. "벼슬에 오르는 경우가 세 가지이고, 물러나는 경우가 세 가지였네. 맞이할 때 공경스럽고 예의에 맞으며, 그 주장을 실행하겠다고 말하면 벼슬에 오르고, 대하는 예의가 쇠약하게 변화하지는 않았지만, 그 주장이 실행되지 않으면 물러났네. 그다음으로는 비록 그 주장을 실행하지는 않지만 맞이할 때 공경스럽고 예의에 맞으면 벼슬에 오르고, 대하는 예의가 쇠약하게 변화하면 물러났네. 그다음으로는 아침도 먹지 못하고 저녁도 먹지 못하여 굶주려서 대문조차 나갈 수 없을 때, 군주가 이 말을 듣고 '내 그의 도를 크게 실행하지 못하고, 또 그의 말을 따르지 못했지만, 내 땅에서 굶주리고 배고프게 했으니, 내 이것을 부끄러워한다.'라고 말하며 구제해 벼슬자리를 준다면, 그것도 받을 수는 있지만, 죽음을 면하는 것일 따름이네."

열다섯 번째 15

孟子曰, "舜發於畎畝之中, 傅說擧於版築之閒, 膠鬲擧於魚鹽之中, 管夷吾擧於士, 孫叔敖擧於海, 百里奚擧於市. 故天將降大任於是人也, 必先苦其心志, 勞其筋骨, 餓其體膚, 空乏其身, 行拂亂其所爲, 所以動心忍性, 曾益其所不能. 人恆過, 然後能改. 困於心, 衡於慮, 而後作. 徵於色, 發於聲, 而後喩. 入則無法家拂士, 出則無敵國外患者, 國恆亡. 然後知生於憂患而死於安樂也."

맹자가 말하였다. "순舜은 밭 가운데에서 기용되었고, 부열傅說은 성벽 쌓는 곳에서 등용되었으며, 교력膠鬲은 물고기를 소금에 절여 팔다가 등용되었고, 관중管仲은 옥에 갇혀 있다가 등용되었으며, 손숙오孫叔敖는 바닷가에 살다가 등용되었고, 백리해百里奚는 시장에서 등용되었습니다. 그러므로 천天이 큰 임무를 이 사람에게 내려 주려고 할 때는, 반드시 먼저 그 마음의 뜻을 괴롭게 하고, 그 근육과 뼈대를 고달프게 하며, 그의 몸을 굶주리게 하고, 그의 몸을 궁핍하게 하여, 그 하는 일을 어긋나고 어지럽게 만드는데, 그것은 마음을 분발시켜 움직이고, 고난을 참는 성품이 되도록 하여, 할 수 없던 일을 할 수 있도록 보태려는 것입니다. 사람은 항상 잘못을 저지른 후에 고칠 수 있고, 마음이 고달프고 생각을 저울질해 본 후에 일을 처리하며, 사람들의 얼굴에 드러나고 음성을 들은 뒤에야 알게 됩니다. 안으로는 법도法度 있는 집안과 보필하는 사士가 없고, 밖으로는 적국敵國과 외부의 우환이 없는 나라는 늘 망합니다. 그런 뒤에야 우환憂患에서는 살고, 안락함에서는 죽는다는 것을 알게 됩니다."

역자 해설

힘든 곤경과 고통의 시간이 사람을 성장시키고, 안락함이 결국은 사람뿐만 아니라 나라를 망치게 한다는 뜻이다.

열여섯 번째

16

孟子曰, "教亦多術矣, 予不屑之教誨也者, 是亦教誨之而已矣."

맹자가 말하였다. "가르침에도 여러 방법이 있습니다. 내가 달갑게 여기지 않아 가르쳐 주지 않는 것, 이것 또한 가르쳐 주는 방법 가운데 하나일 뿐입니다."

역자 해설

적극적으로 가르침을 주는 것만 가르치는 것이 아니라, 가르쳐 주지 않는 것, 가르쳐 주는 것을 거절하는 것 역시 가르침의 한 방법이라는 뜻이다.

13. 진심장구盡心章句 상上

첫 번째

1

孟子曰, "盡其心者, 知其性也, 知其性, 則知天矣. 存其心, 養其性, 所以事天也. 殀壽不貳, 修身以俟之, 所以立命也."

맹자가 말하였다. "마음을 온전히 실천하는 사람은 그 본성本性을 알게 되고, 본성을 알면 곧 천天을 알게 됩니다. 그 마음을 보존하고, 그 본성을 기르는 것이 바로 천을 섬기는 것입니다. 요절하고 장수하는 것에서 마음이 오락가락하며 의심하지 않고, 몸을 수양하며 기다리는 것이 바로 명命을 바로 세우는 길입니다."

역자 해설

이 「진심」장구의 짧은 첫 구절은 맹자철학의 핵심 의미를 함축해 보여준다. 모두 3개의 문장으로 구성되어 있는데, 첫 문장은 심心과 성性, 천天의 관계를, 둘째 문장은 존심양성의 공부가 가진 의미를, 셋째 문장은 운명을 대하는 태도와 함께 현실세계를 살아가는 방법에 대해 설명한다.

첫 문장의 '온전히 실천해야 하는 마음'은 맹자에게 있어서 본심本心 이외의 다른 것이 아니다. 그것은 곧 '사단四端의 마음'이기도 하다. 마음을 온전히 실천한다는 것은 곧 '사단의 마음'을 온전히 실천한다는 것이고, 그것은 '인의예지仁義禮智'를 온전히 실천한다는 뜻이기도 하다. 이렇게 본심을 온전히 실천할 때, 드러나는 것이 바로 인의예지의 본성이다. 그것은 생물학적인 혹은 생리학적인 의미의 본성이나 본능이 아니다. 맹자의 시각에서 보자면, 이 본성은 인간과 금수를 구별시켜 주는 작은 차이이고, 인간만이 가지고 있는 것이기도 하다. 그리고 이렇게 본성을 알게 될 때, 최종적으로는 천을 알게 되는데, 이것은 곧 천도天道에 대한 자각이기도 하다. 그리고 이와 같은 단계, 다시 말해서 마음을 온전히 실천할 때 본성을 알게 되고, 천을 알게 되는 것이 가능한 것은 본심과 본성, 천이 모종의 공통점으로 연결되고 있을 뿐만 아니라, 그 내용에서는 사실상 같은 것이기 때문이다. 이런 점에서 도덕이나 도덕규범이란 내재적이면서 주관적이지만, 동시에 객관적이면서 절대적일 수 있게 되는 것이다.

두 번째 문장은 공부工夫 혹은 수양修養의 방법과 관련되어 있다. 앞의 문장에서 제시한 '마음을 온전히 실천'하고, 또 그것을 통해 본성을 알고, 천을 아는 데 필요한 수양 혹은 공부의 방법론이 바로 이 문장에서 제시하고 있는 존심存心과 양성養性이다. '존심'이란 각자가 본래 가지고 있는 본심, 곧 '사단의 마음'을 보존하고 잃어버리지 않도록 하는 공부이다. 이 존심의 공부에 대해 맹자는 소극적으로 욕망을 줄이는 것과 적극적으로는 반성적 사유와 성찰을 통해 본심의 본래 모습과 작용을 회복하는 공부로, 흔히 '구방심求放心'을 제시하고 있다. 반면에 '양성'은 본래 갖추고 있는 선한 본성을 길러내 넓히고 확충하는 것이다. 더욱 구체적으로 이것은 반성적 사유나 반성적 자각을 통해 길러진다는 점에서 맹자는 '사思'의 방법을 강조하며 제시한다. 그리고 이와 같은 존심과 양성의 공부란 결국 천을 섬기는 것이기도 하다. 존심과 양성이 결국 천으로부터 부여된 본성과 본심을 지키고 그것을 실현하는 과정이기 때문이다. 본성과 본심을 잃어버리거나 키워내지 못한다면 그것을 부여한 천의 뜻을 위배한 것으로, 결코 천을 섬기는 방식일 수 없다.

세 번째 문장에서는 인간이 직면하고 있는 제한과 한계를 이야기한다. 도덕적인 본심과 본성을 존심과 양성의 방법을 통해 키워가고, 또 키워갈 수 있다는 가능성은 원론적으로 인정되고 있다. 하지만 현실을 살아가는 인간은 선천적이거나 후천적인 제한 속에서 생활한다. 선천적인 제한이란 곧 자연적인 불평등을 가리킨다. 태어날 때부터 인간은 신체적인 조건이나 모습, 재능 등에서 똑같은 조건을 가지고 있지 않다. 이와 같은 자연적인 불평등은 일정 부분 우리 삶의 방향을 결정하는 요소로 작용한다. 그뿐만 아니라 후천적인 제한도 있다. 그것은 우리가 일상적인 삶 속에서 만나게 되는 삶과 죽음, 좋고 나쁨, 성공과 실패 등 수 많은 운명적인 요소, 어쩔 수 없는 요소를 가리킨다. 이와 같은 어쩔 수 없는 제한을 맹자는 '명'이라고 불렀다. 우리가 흔히 운명이라고 하는 것과 같은 뜻이다. 수명의 길거나 짧음, 요절하는 것과 장수하는 것에 연연하지 않고, 다가오는 운명을 담담하면서도 당당하게 기다리고 받아들이는 것, 이것을 맹자는 명을 바로 세운다고 표현한다. 그것은 요절하는 것과 장수하는 것이 결국에는 두 가지 상이한, 그래서 하나는 거부해야 하는 것이 아니라는 것을 인정하는 것이자, 그 명을 즐기는 것이고 편안하게 받아들이는 것이며, 바로 세우는 것이기도 하다. 그 명을 즐기고 편안하게 받아들일 수 있게 되는 것은 다름 아닌 자신에 대한 자각, 다시 말해서 본심과 본성에 대한 자각 여부에서 결정된다.

전체적으로 정리하자면, 우리의 본심은 본성, 천과 동질적인 요소로 연결되어 있다는 점에서, 도덕의 객관성과 절대성도 직접 확보된다. 본성과 천을 이해하고 자각하는 첫걸음은 본심을 온전히 실천하는 것에서 시작되는데, 그 방법이 다름 아닌 존심이고 양성이다. 하지만 도덕적인 측면에서의 이와 같은 자각과는 별개로 여전히 인간의 삶은 현실의 제한 속에서 제한적으로 진행되는데, 그런데도 도덕적 자각은 어떤 운명이든 담담하고 당당하게 맞을 수 있도록 한다고 맹자는 말한다.

두 번째

2

孟子曰, "莫非命也, 順受其正. 是故知命者, 不立乎巖牆之下. 盡其道而死者, 正命也. 桎梏死者, 非正命也."

맹자가 말하였다. "어느 하나도 명命 아닌 것이 없지만, 올바른 것을 이어받아야 합니다. 그러므로 명을 아는 사람은 위험한 돌담 아래에 서지 않습니다. 도리를 온전히 실천하고 죽은 사람은 올바른 명이지만, 질곡에 매여 죽은 사람은 올바른 명이 아닙니다."

역자 해설

맹자뿐만 아니라, 전체 유학에서 명命은 기본적으로 두 가지 의미를 가진다. 하나는 천명天命, 다른 하나는 운명運命이라는 뜻이다. 후대의 주자학적 구도에서 보자면, 전자는 리理이자, 천도天道, 천리天理라면, 후자는 기氣적인 요소이자, 삶을 제한하는 요소들이고, 우연적인 것으로 규정된다. 이 구절에서 맹자는 운명을 이야기하지만, '도리를 온전히 실천하고 죽는다'는 것은 자신에 대한 자각을 통해 자신이 해야 할 일을 하다 죽는 것, 곧 본심을 온전히 실천하다 죽는 것을 가리킨다. 이것에 대비되는 '질곡에 매여 죽는 것'은 본심이나 선한 본성을 실현하지 않고, 죄를 지어 형벌을 받아 죽는 것을 뜻한다.

세 번째

3

孟子曰, "求則得之, 舍則失之, 是求有益於得也, 求在我者也. 求之有道, 得之有命, 是求無益於得也, 求在外者也."

맹자가 말하였다. "구하면 얻고, 버리면 잃어버리게 되는 경우, 구하는 것이 얻는 데 유익한데, 자신에게 있는 것을 구하기 때문입니다. 구하는 데 일정한 방법이 있고, 얻는 데에도 명命이 있는 경우, 구하는 것이 얻는 데 유익하지 않는데, 밖에 있는 것을 구하기 때문입니다."

역자 해설

'구하는 것이 얻는 데 유익하다'라는 말은 '구하기만 하면 얻을 수 있다'는 뜻이고, '구하는 것이 얻는 데 유익하지 않다'라는 말은 '구해도 반드시 얻을 수는 없다'는 뜻이다. 전자는 이미 내가 가지고 있는, 내 안에 내재해 있는 것을 구하기 때문이고, 후자는 내가 가지고 있지 않은 것, 외재하는 것을 구하기 때문이다. 맹자가 안에서 구할 수 있다고 말하는 것, 구하기만 하면 얻을 수 있다고 말하는 것, 그것은 다름 아닌 선한 본심, 본성이다. 그리고 나의 '밖에 있는 것'은 부귀나 명예 같은 것을 가리킨다. 이것을 얻기 위해서는 일정한 방법을 사용해야 하지만, 그런 방법을 쓴다고 해도 반드시 얻어지는 것도 아니다.

네 번째

4

孟子曰, "萬物皆備於我矣. 反身而誠, 樂莫大焉. 强恕而行, 求仁莫近焉."

맹자가 말하였다. "모든 사물의 이치가 모두 나에게 갖추어져 있습니다. 스스로를 돌아보아 진실(誠)한 것이 가장 큰 즐거움입니다. 자신의 마음에 비춰 다른 사람의 마음을 이해하는 서恕를 힘써 실천하는 것, 인仁을 구하는 방법에서 이보다 더 가까운 길은 없습니다."

역자 해설

'모든 사물의 이치가 모두 나에게 갖추어져 있다'라는 말을 당당하게 할 수 있는 것은 나의 본심과 본성이 그 이치의 근원인 천天과 연결되어 있기 때문이다. 특히 '물物'은 이 글자와 함께 우리가 흔히 떠올리는 사물이나 동물이라는 의미보다는 사건, 곧 행위에 가깝다. 그래서 '모든 사물의 이치가 모두 나에게 갖추어져 있다.'라는 맹자의 말은 어떻게 행위 해야 하는지, 각각의 행위 원리가 모두 나의 본성에 갖추어져 있다는 뜻으로 이해해야 한다.

다섯 번째

5

孟子曰, "行之而不著焉, 習矣而不察焉, 終身由之而不知其道者, 衆也."

맹자가 말하였다. "그렇게 하면서도 왜 그렇게 해야 하는지를 분명하게 알지 못하고, 익숙하지만 그 도리를 살피지도 않아서, 평생 그 도리를 따르면서도 그것이 무엇인지를 알지 못하는 것이 보통의 사람들입니다."

역자 해설

옛날 사람들도 달의 모양에 따라 밀물과 썰물의 높이가 바뀐다는 것을 알고 있었다. 그들은 달의 모양을 보고 바닷물의 높낮이를 예측하기도 했다. 그런데 아무도 이런 현상이 왜 일어나는지 답을 제시하지는 못하였다. 최초로 이 조석 현상에 관해 과학적 근거를 제시하며 설명한 사람이 바로 만유인력을 발견한 뉴턴이다. 그는 달과 태양, 지구의 운동과 인력이 바닷물의 높이 변화를 불러온다고 설명하면서 그것을 과학적, 수학적으로 증명했다. 알고는 있지만 왜 그런지는 알지 못하는 것은, 이런 바닷물의 높이 변화의 문제에만 국한되었던 것은 아니다. 맹자의 시각에서 보자면, 보통사람들은 행위를 하면서도 왜 그렇게 행위하고 또 그렇게 행위 해야 하는지를 알지 못했고, 알려고도 하지 않았다.

여섯 번째

6

孟子曰, "人不可以無恥, 無恥之恥, 無恥矣."

맹자가 말하였다. "사람은 부끄러움이 없어서는 안 되는데, 부끄러움이 없는 것을 부끄러워한다면, 부끄러워할 일이 없을 것입니다."

일곱 번째

7

孟子曰, "恥之於人大矣. 爲機變之巧者, 無所用恥焉. 不恥不若人, 何若人有."

맹자가 말하였다. "부끄러워하는 마음은 사람에게 매우 중요합니다. 임기응변으로 교묘한 짓을 저지르는 사람은 어디에도 부끄러워하는 마음을 쓸 수가 없습니다. 다른 사람보다 못하다는 것을 부끄러워하지 않는다면, 어떻게 다른 사람과 같아질 수 있겠습니까?"

여덟 번째

8

孟子曰, "古之賢王好善而忘勢, 古之賢士何獨不然? 樂其道而忘人之勢. 故王公不致敬盡禮, 則不得亟見之. 見且由不得亟, 而況得而臣之乎."

맹자가 말하였다. "옛날의 현명한 왕들은 선善을 좋아할 뿐, 자신의 권세를 생각하지 않았는데, 옛날의 현명한 사士라고 어떻게 그렇지 않았겠습니까? 그는 자신의 도를 즐거워할 뿐, 다른 사람의 권세를 생각하지 않았습니다. 그러므로 왕과 공公이라도 경의를 표하며 예에 맞게 행동하지 않으면, 사士를 자주 만나볼 수 없었습니다. 자주 만날 수도 없었는데, 어떻게 그를 얻어 신하로 삼을 수 있었겠습니까?"

아홉 번째

9

孟子謂宋句踐曰, "子好遊乎? 吾語子遊. 人知之, 亦囂囂. 人不知, 亦囂囂."

曰, "何如斯可以囂囂矣."

曰, "尊德樂義, 則可以囂囂矣. 故士窮不失義, 達不離道. 窮不失義, 故士得己焉. 達不離道, 故民不失望焉. 古之人, 得志, 澤加於民. 不得志, 脩身見於世. 窮則獨善其身, 達則兼善天下."

맹자가 송구천宋句踐에게 말하였다. "선생은 유세遊說하는 것을 좋아합니까? 내가 선생에게 유세에 대해 말해주겠습니다. 다른 사람이 알아주더라도 스스로 즐거울 수 있고, 다른 사람이 알아주지 않더라도 스스로 즐거울 수 있어야 합니다."

송구천이 물었다. "어떻게 해야 스스로 즐거울 수 있습니까?"

맹자가 대답하였다. "덕德을 높이고 의義를 좋아하면 스스로 즐거울 수 있습니다. 그래서 사士는 곤궁해도 의를 잃지 않으며, 출세해도 도道를 떠나지 않는 것입니다. 곤궁해도 의를 잃지 않기 때문에 사士는 스스로를 지키고, 출세해도 도에서 벗어나지 않기 때문에 백성들이 실망하지 않았습니다. 옛날 사람은 자신의 뜻을 이루면 그 혜택이 백성들에게 돌아가게 했고, 뜻을 이루지 못해도 덕을 수양하여 세상에 드러냈습니다. 곤궁하면 홀로 그 자신을 선善하게 하고, 출세하면 온 세상을 선하게 하였습니다."

열 번째

10

孟子曰, "待文王而後興者, 凡民也. 若夫豪傑之士, 雖無文王猶興."

맹자가 말하였다. "문왕文王과 같은 훌륭한 왕이 나오길 기다린 뒤에야 분발하는 사람은 보통의 사람들입니다. 뛰어난 사士는 문왕 같은 훌륭한 왕이 나오지 않더라도 분발합니다."

역자 해설

외부의 자극이 주어져야 움직이고 분발하는 것은 소극적인 태도이다. 그것은 자극이 있어도 움직이지 않는 것보다는 상대적으로 바람직하지만, 외부의 자극이 없어도 적극적으로 자신의 선한 본성을 실현할 수 있어야 한다는 뜻이다.

열한 번째

11

孟子曰, "附之以韓魏之家, 如其自視欿然, 則過人遠矣."

맹자가 말하였다. "한씨韓氏나 위씨魏氏 집안의 재물을 보태주더라도, 스스로 하찮은 듯이 본다면, 보통사람보다 훨씬 뛰어난 사람입니다."

역자 해설

춘추시대의 진晉나라는 춘추오패 중의 하나로, 가장 강한 나라 가운데 하나였다. 하지만 한씨韓氏와 위씨魏氏, 조씨趙氏 집안이 진나라를 분할해, 한나라와 위나라, 조나라가 세워지면서 춘추시대는 끝나고, 전국시대가 시작되었다. 진나라를 정당하지 않은 방법으로 분할한 한씨나 위씨의 경제력이나, 세력을 하찮게 평가해야 한다는 맹자의 문제의식도 읽을 수 있다.

열두 번째

12

孟子曰, "以佚道使民, 雖勞不怨. 以生道殺民, 雖死不怨殺者."

맹자가 말하였다. "백성을 편안하게 하겠다는 원칙으로 백성을 부리면, 백성들이 비록 힘들어도 원망하지 않습니다. 백성을 살린다는 원칙으로 백성을 죽게 하면 비록 죽더라도 죽게 한 사람을 원망하지 않습니다."

열세 번째

13

孟子曰, "霸者之民, 驩虞如也, 王者之民, 皞皞如也. 殺之而不怨, 利之而不庸. 民日遷善而不知爲之者. 夫君子所過者化, 所存者神, 上下與天地同流, 豈曰小補之哉."

맹자가 말하였다. "패업霸業을 이룬 군주의 백성들은 기뻐하며 즐거운 것 같지만, 왕업王業을 이룬 군주의 백성들은 밝게 자족합니다. 죽여도 원망하지 않으며, 이롭게 해도 공으로 여기지 않습니다. 백성들이 나날이 선한 곳으로 옮겨가면서도 누가 그렇게 하는지를 알지 못합니다. 군자가 지나가는 곳은 교화敎化되고, 머물러 있는 곳에서는 신묘한 일이 일어나니, 위아래가 천지天地와 흐름을 함께 하는데, 군자가 어떻게 도움이 작다고 하겠습니까?"

역자 해설

패업을 이룬 군주의 백성들은 비록 겉으로 기뻐하며 즐거운 것 같지만, 속으로 불만족스럽거나 심지어는 고통스러운 것을 감춘, 조작된 기쁨이자 즐거움을 가질 뿐이다. '환우驩虞'는 바로 이와 같은 상태나 모습을 가리킨다. 불만족과 고통을 가감 없이 표현할 수 없어, 거짓으로 즐거워하고 기뻐하는 모습을 보여주는 것으로 이해할 수 있다. 반면 진정한 왕의 정치를 시행하는 군주의 백성들은 이런 거짓 기쁨이 아닌, 진정으로 만족스러워하고 기뻐하는데, 그것을 맹자는 호호皞皞라고 표현하였다.

열네 번째 14

孟子曰, "仁言, 不如仁聲之入人深也. 善政, 不如善教之得民也. 善政民畏之, 善教民愛之. 善政得民財, 善教得民心."

맹자가 말하였다. "인仁한 말은, 인을 실천한다는 소문이 사람들에게 깊이 파고 들어가는 것만 못합니다. 좋은 정치라도 좋은 교화가 민심民心을 얻는 것만 못합니다. 좋은 정치는 백성들이 경외

하지만, 좋은 교화는 백성들이 사랑합니다. 좋은 정치는 백성들의 재물을 얻고, 좋은 교화는 백성들의 마음을 얻습니다."

역자 해설

좋은 정치란 백성들의 재산이 늘어나도록 도와주고, 또 그것을 기반으로 더 많은 세금을 거둬 나라의 수입이 늘어나도록 하는 것이라는 점에서 '백성들의 재물을 얻는다'라는 말을 이해한다. 따라서 '백성들이 재물을 얻도록 한다'는 그 과정으로 파악하거나, '백성들로부터 세금의 형식으로 재물을 얻는다'는 결과의 의미로 해석할 수 있다.

열다섯 번째

15

孟子曰, "人之所不學而能者, 其良能也. 所不慮而知者, 其良知也. 孩提之童, 無不知愛其親者. 及其長也, 無不知敬其兄也. 親親, 仁也. 敬長, 義也. 無他, 達之天下也."

맹자가 말하였다. "사람들이 배우지 않아도 할 수 있는 것이 '양능良能'이고, 생각하지 않아도 알 수 있는 것은 '양지良知'입니다. 두세 살 먹은 아이라도 그 부모를 사랑할 줄 모르는 사람이 없으며, 장성해서는 그 형을 공경할 줄 모르는 사람이 없습니다. 부모를 사랑하는 것이 곧 인仁이고, 윗사람을 공경하는 것이 의義입니다. 다른 것은 없고, 이것을 온 세상에 펼쳐갈 뿐입니다."

역자 해설

배우거나 생각하지 않아도 알고 있거나 할 수 있는 능력을 양지良知와 양능良能이라고 맹자는 말하는데, 그것이 바로 인과 의, 곧 도덕을 실천할 수 있는 능력이자, 무엇이 선이고 의인지를 아는 능력이다. 맹자의 이 '양지'는 명대明代 왕수인王守仁의 양명학陽明學에서 『대학』의 8조목 가운데 하나인 '치지致知'를 '치양지致良知'로 이해하는 배경이 된다.

열여섯 번째

16

孟子曰, "舜之居深山之中, 與木石居, 與鹿豕遊, 其所以異於深山之野人者幾希. 及其聞一善言, 見一善行, 若決江河, 沛然莫之能禦也."

맹자가 말하였다. "순舜이 깊은 산 속에 살 때, 나무와 돌 사이에 거처하고 사슴과 멧돼지와 함께 놀아서, 깊은 산의 야인野人과 다른 점이 거의 없었습니다. 그러나 착한 한마디 말을 듣거나, 착한 한 가지 행위를 보면, 그것을 실천하는 것이 마치 장강이나 황하를 터놓을 때 물이 세차게 쏟아져 나오는 것 같아 아무도 그를 막을 수가 없었습니다."

열일곱 번째

17

孟子曰, "無爲其所不爲, 無欲其所不欲, 如此而已矣."

맹자가 말하였다. "하지 말아야 할 것을 하지 않고, 바라지 말아야 할 것을 바라지 않는 것, 이정도면 충분할 뿐입니다."

열여덟 번째

18

孟子曰, "人之有德慧術知者, 恒存乎疢疾. 獨孤臣孽子, 其操心也危, 其慮患也深, 故達."

맹자가 말하였다. "덕과 지혜, 기술과 지식을 가진 사람은 늘 열병과 같은 어려움 속에 있습니다. 유독 군주에게 잊혀져버린 외로운 신하와 첩의 자식은 조심해도 위태로워서, 생각하고 근심하는 것이 깊은 까닭에 사리에 통달하게 됩니다."

역자 해설

「고자 하 15」에서 말한 '우환憂患에서는 살고, 안락함에서는 죽는다.'라는 구절과 유사한 의미로 이해할 수 있다.

열아홉 번째

19

孟子曰, "有事君人者, 事是君則爲容悅者也. 有安社稷臣者, 以安社稷爲悅者也. 有天民者, 達可行於天下而後行之者也. 有大人者, 正己而物正者也."

맹자가 말하였다. "군주 한 사람만을 잘 섬기는 사람이 있는데, 한 군주를 섬기면서 아부하는 얼굴로 기쁘게 해주는 사람입니다. 사직을 안정시키는 신하가 있으니, 사직을 안정시키는 것을 기쁨으로 삼은 사람입니다. 하늘의 백성이라는 사람이 있는데, 세상에 실행할 수 있을 때가 된 후에 그것을 실행하는 사람입니다. 대인大人이라는 사람이 있는데, 자기 자신을 바르게 해서 만물을 바르게 하는 사람입니다."

스무 번째

20

孟子曰, "君子有三樂, 而王天下不與存焉. 父母俱存, 兄弟無故, 一樂也. 仰不愧於天, 俯不怍於人, 二樂也. 得天下英才而教育之, 三樂也. 君子有三樂, 而王天下不與存焉."

맹자가 말하였다. "군자는 세 가지 즐거움이 있는데, 천하를 다스리는 왕이 되는 것은 그 세 가지에 들어 있지 않습니다. 부모가 모두 생존해 계시고, 형제가 무고無故한 것이 첫 번째 즐거움입니다. 위로 하늘을 우러러 부끄럽지 않고, 아래로 땅을 굽어보아 사람들에게 부끄럽지 않은 것이 두 번째 즐거움입니다. 세상의 뛰어난 인재를 얻어 교육하는 것이 세 번째 즐거움입니다. 군자에게 세 가지 즐거움이 있지만, 천하를 다스리는 왕이 되는 것은 이 세 가지에 들어 있지 않습니다."

스물하나 번째

21

孟子曰, "廣土衆民, 君子欲之, 所樂不存焉. 中天下而立, 定四海之民, 君子樂之, 所性不存焉. 君子所性, 雖大行不加焉, 雖窮居不損焉, 分定故也. 君子所性, 仁義禮智根於心. 其生色也, 睟然見於面, 盎於背, 施於四體, 四體不言而喩."

맹자가 말하였다. "넓은 국토와 많은 백성은 군자가 바라는 것이지만, 즐거워해야 하는 것은 여기에 있지 않습니다. 세상 한가운데에 서서 모든 지역의 백성을 안정시키는 일을 군자는 즐거워하지만 본성本性은 여기에 있지 않습니다. 군자가 본성으로 여기는 것은, 비록 세상에 큰일을 하더라도 늘어나지 않고, 비록 곤궁하게 지내더라도 줄어들지 않으니, 본분이 정해져 있기 때문입니다. 군자의 본성인 인의예지仁義禮智는 마음에 뿌리내리고 있어서 그것이 밖으로 드러나면 환하고 깨끗하게 얼굴에 나타나고, 등에 가득 차며 사지四肢에 펴져나가는데, 사지는 말하지 않지만, 저절로 깨우칩니다."

역자 해설

맹자가 말하는 정해진 본분이란 곧 성, 본성이다. 인의예지의 도덕적 본성은 모든 사람에게 내재해 있어서, 그것이 사람들에게 무엇을 할 수 있는지, 무엇을 해서는 안 되는지를 결정해 준다는 점에서 본분이라 말할 수 있다.

스물두 번째

22

孟子曰, "伯夷辟紂, 居北海之濱, 聞文王作興, 曰, '盍歸乎來! 吾聞西伯善養老者.' 太公辟紂, 居東海之濱, 聞文王作興, 曰, '盍歸乎來! 吾聞西伯善養老者.' 天下有善養老, 則仁人以爲己歸矣. 五畝之宅, 樹牆下以桑, 匹婦蠶之, 則老者足以衣帛矣. 五母雞, 二母彘, 無失其時, 老者足以無失肉矣. 百畝之田, 匹夫耕之, 八口之家足以無飢矣. 所謂西伯善養老者, 制其田里, 敎之樹畜, 導其妻子, 使養其老. 五十非帛不煖, 七十非肉不飽. 不煖不飽, 謂之凍餒. 文王之民, 無凍餒之老者, 此之謂也."

맹자가 말하였다. "백이伯夷가 폭군 주紂를 피해 북해北海 바닷가에 살다가, 문왕文王이 천하를 평정하기 위해 일어났다는 소식을 듣고는 '왜 돌아가지 않겠는가? 나는 서백이 노인을 잘 봉양한다고 들었다.'라고 말하였습니다. 태공太公이 주紂를 피해 동해東海 바닷가에 살다가, 문왕이 천하를 평정하기 위해 일어났다는 소식을 듣고는 '왜 돌아가지 않겠는가? 나는 서백이 노인을 잘 봉양한다고 들었다.'라고 말하였습니다. 만일 세상에 노인을 잘 봉양하는 사람이 있으면, 인仁을 실천하는 사람은 그곳을 자기가 돌아갈 곳이라 생각할 것입니다. 5묘畝의 집을 둘러싼 담장 아래에 뽕나무를 심고 한 아녀자가 누에를 치면 노인이 충분히 비단옷을 입을 수 있습니다. 다섯 마리의 암탉과 두 마리의 암퇘지를 기르면서 새끼 칠 시기를 놓치지 않게 하면 노인이 넉넉하게 고기를 먹을 수 있습니다. 100묘의 토지를 한 가장이 경작하면 여

덟 식구 한 가정이 굶주리지 않습니다. '서백이 노인을 잘 봉양한다.'는 것은 토지와 집터를 정해준 후 심고 기르는 법을 가르쳐, 그 처자식이 그 노인을 봉양하도록 인도한 것을 말합니다. 50세가 되면 비단옷이 아니면 따뜻하지 않고, 70세가 되면 고기가 아니면 배부르지 않습니다. 따뜻하지 않고 배부르지 않은 것을 춥고 배고프다고 합니다. 문왕의 백성 중에 춥고 배고픈 노인이 없었다는 것은 이것을 말한 것입니다."

스물세 번째

23

孟子曰, "易其田疇, 薄其稅斂, 民可使富也. 食之以時, 用之以禮, 財不可勝用也. 民非水火不生活, 昏暮叩人之門戶, 求水火, 無弗與者, 至足矣. 聖人治天下, 使有菽粟如水火. 菽粟如水火, 而民焉有不仁者乎."

맹자가 말하였다. "농지의 경계를 잘 다스리고 세금을 적게 받으면, 백성들을 부유하게 할 수 있습니다. 제철의 것을 먹고 예에 맞게 쓰면 재물을 모두 다 쓸 수 없을 것입니다. 백성들은 물과 불이 없으면 생활하지 못하지만, 어두운 저녁에 남의 집 대문을 두드리면서 물과 불을 구할 때, 주지 않는 사람이 없는 것은 풍족하기 때문입니다. 성인聖人이 천하를 다스릴 때는 물과 불처럼 콩과 조를 풍족하게 가지도록 합니다. 콩과 조가 물과 불처럼 풍족하다면, 백성 중에 어떻게 불인不仁한 사람이 있겠습니까?"

역자 해설

진정한 왕의 정치, 곧 왕도정치는 모든 사람이 자신의 본성을 실현하며, 금수가 아닌 인간으로 살아가도록 돕는 정치를 가리킨다. 그런데 그와 같은 인간으로 살아가도록 돕는 정치에서 경제적 조건의 제공은 결코 경시될 수 없는 요소라는 점을 강조하고 있다.

스물네 번째

24

孟子曰, "孔子登東山而小魯, 登太山而小天下. 故觀於海者難爲水, 遊於聖人之門者難爲言. 觀水有術, 必觀其瀾. 日月有明, 容光必照焉. 流水之爲物也, 不盈科不行. 君子之志於道也, 不成章不達."

맹자가 말하였다. "공자가 노魯나라 동산東山에 올라가서는 노나라가 작다고 하였고, 태산太山에 올라가서는 세상이 작다고 하였습니다. 그러므로 큰 바다에서 물을 본 사람에게 웬만한 크기의 강은 강이 되기 어렵고, 성인의 문하門下에서 공부한 사람에게 웬

만한 주장이나 이론은 주장이 되기 어렵습니다. 물을 살피는 데 방법이 있으니, 반드시 그 물결을 보아야 합니다. 해와 달은 밝음이 있으니, 빛이 들어갈 수 있는 곳이면 반드시 비춥니다. 흐르는 물은 웅덩이를 채우지 않으면 흘러가지 않습니다. 군자가 도道에 뜻을 두는 것도, 마치 빛이 틈을 비추고 물이 각각의 웅덩이를 채우듯 하나하나 채워가며 성취해 드러내지 않으면 통달하지 못합니다."

스물다섯 번째

25

孟子曰, "雞鳴而起, 孳孳爲善者, 舜之徒也. 雞鳴而起, 孳孳爲利者, 蹠之徒也. 欲知舜與蹠之分, 無他, 利與善之間也."

맹자가 말하였다. "새벽닭이 울면 일어나 부지런히 선善을 실천하는 사람은 순舜을 따르는 무리이고, 닭이 울면 일어나 부지런히 이익을 추구하는 사람은 도척盜跖을 따르는 무리입니다. 순과 도척이 무엇으로 구분되는지 알고자 한다면 다른 것은 없고, 이익과 선을 추구하는 차이일 뿐입니다."

역자 해설

도척盜跖은 춘추시대 노魯나라 사람으로, 대부大夫 류하혜柳下惠의 동생으로 알려져 있다. 무리 9천 명을 모아 세상을 어지럽히고 다니면서 제후諸侯를 공격하고 약탈을 자행한 것으로 전해지면서, 도적의 대명사가 되었다.

스물여섯 번째

26

孟子曰, "楊子取爲我, 拔一毛而利天下, 不爲也. 墨子兼愛, 摩頂放踵利天下, 爲之. 子莫執中, 執中爲近之, 執中無權, 猶執一也. 所惡執一者, 爲其賊道也, 擧一而廢百也."

맹자가 말하였다. "양자楊子는 자신만을 위해야 한다고 주장하며, 자신의 털 한 오라기를 뽑아서 세상을 이롭게 할 수 있어도 그렇게 하지 않았습니다. 묵자墨子는 차등 없는 사랑인 겸애兼愛를 주장하며, 머리 정수리부터 발꿈치까지 모두 닳아 없어지더라도 세상을 이롭게 한다면 그렇게 하였습니다. 자막子莫은 그 중간을 잡았는데, 중간을 잡는 것이 도에 가깝지만, 중간을 잡기만 하고 저울질하지 않으면 한쪽을 고집하는 것과 같습니다. 한쪽을 고집하는 것을 싫어하는 까닭은 그것이 도를 해치고, 한쪽만 취할 뿐 나머지는 모두 버리기 때문입니다."

역자 해설

맹자가 언급하고 있는 양자楊子는 양주楊朱를 가리킨다. 양주는 극단적인 위아설爲我說의 시각과 태도를 보여주었다. 그의 삶은 알려지지 않고, 저술도 없지만, 『장자』와 『열자』에 그의 단편적인 언행이 기록되어 전해지고 있다. 이 양주의 위아설과 대비되는 견해가 묵적의 겸애설兼愛說이다. 그는 세상의 모든 사람을 차등 없이 사랑하라고 말한다. 반면에 자막子莫은 양주와 묵적이 너무 한쪽으로 치우쳐 있다고 생각해서 그 중간의 태도를 보인 것으로 알려져 있다. 하지만 맹자의 시각에서 보자면, 이 자막의 중간도 그것만 고집할 경우, 양주나 묵적의 치우친 것과 구별되지 않는다. 원칙을 지키면서 또 구체적인 현실 상황 속에서 올바르게 융통성을 발휘하는 일은 늘 쉽지 않은 과제이기도 하다.

스물일곱 번째

27

孟子曰, "飢者甘食, 渴者甘飮. 是未得飮食之正也, 飢渴害之也. 豈惟口腹有飢渴之害? 人心亦皆有害. 人能無以飢渴之害爲心害, 則不及人不爲憂矣."

맹자가 말하였다. "굶주린 사람은 맛있게 먹고, 목마른 사람은 달게 마십니다. 그렇지만 이것은 음식의 올바른 맛을 알고 그렇게 하는 것이 아니라, 굶주림과 목마름이 입맛을 해쳤기 때문입니다. 그런데 어떻게 오직 입과 배만 굶주림과 목마름으로 해를 입는 일이 있겠습니까? 사람의 마음에도 이처럼 해를 입는 일이 있습니다. 굶주림과 목마름이 입맛을 해치듯, 마음에 해를 입히는 것을 사람이 없앨 수 있다면, 다른 사람만큼 되지 못한 것을 근심하지는 않을 것입니다."

역자 해설

굶주림과 목마름이 사람들의 입맛을 왜곡시키듯, 사람들의 마음을 왜곡시키는 것이 없다면, 모든 사람은 자신의 본성과 본심을 충실하게 실현하며 살아가게 된다. 따라서 다른 사람만큼 되지 못했다는 것을 근심하지 않게 된다.

스물여덟 번째 28

孟子曰, "柳下惠不以三公易其介."

맹자가 말하였다. "류하혜柳下惠는 삼공三公의 직위에 올랐다고,

그 지조를 바꾸지 않았습니다."

스물아홉 번째

29

孟子曰, "有爲者辟若掘井, 掘井九軔而不及泉, 猶爲棄井也."

맹자가 말하였다. "무엇인가를 하려고 하는 사람을 비유하자면 우물을 파는 것과 같습니다. 우물을 아홉 길이나 깊이 팠더라도 샘물이 나오는 데까지 가지 않았다면, 그것은 쓸모없어서 버려지는 우물이 될 뿐입니다."

역자 해설

전통적으로 이 구절은 아무리 오랫동안 힘들게 노력했더라도 중도에 그만둔다면 노력하지 않은 것이나 다름없다는 뜻으로 해석되었다. 반면 삶에서 성공이나 성취만 필요한 것은 아니며, 실패도 삶의 중요한 토대나 자산이 될 수 있다는 점을 이 구절이 부정한다고 판단되지는 않는다.

서른 번째

30

孟子曰, "堯舜, 性之也. 湯武, 身之也. 五霸, 假之也. 久假而不歸, 惡知其非有也."

맹자가 말하였다. "요堯와 순舜이 인의仁義를 실천한 것은 본성本性대로 한 것입니다. 탕湯과 무왕武王의 경우에는 몸을 수양해 실천한 것이며, 오패五霸는 실천하는 것처럼 가장한 것입니다. 오랫동안 가장하고 본성으로 돌아가지 않다 보니, 자신들이 행한 것이 본성에 있는 것이 아니라, 가장한 것임을 어떻게 알겠습니까?"

서른한 번째

31

公孫丑曰, "伊尹曰, '予不狎于不順.' 放大甲于桐, 民大悅. 大甲賢. 又反之, 民大悅. 賢者之爲人臣也, 其君不賢, 則固可放與."

孟子曰, "有伊尹之志, 則可. 無伊尹之志, 則簒也."

공손추公孫丑가 말하였다. "이윤伊尹이 '나는 의리를 따르지 않는 것을 가볍게 볼 수 없다.'라고 하면서 태갑太甲을 동桐지역으로 추방하자 백성들이 크게 기뻐하였고, 태갑이 현명하게 바뀌자, 다시 그를 돌아오게 하니 백성들이 크게 기뻐하였습니다. 현자賢者가 남의 신하가 되어 그 군주가 현명하지 못하면 추방해도 되는 것입니까?"

맹자가 말하였다. "이윤과 같은 뜻이 있으면 그렇게 할 수 있네. 이윤과 같은 뜻이 있지 않다면 그것은 찬탈簒奪이네."

역자 해설

이윤伊尹은 탕을 도와 하나라를 멸망시키고 상을 건국하는데 핵심적인 역할을 했다. 탕이 죽은 뒤에는 탕의 아들 외병外丙과 중임中壬이 이어서 왕위에 올랐지만 모두 3-4년 만에 사망하였다. 중임을 이어서 탕의 손자인 태갑太甲이 왕위에 오른 후, 국정을 제대로 돌보지 않자, 이윤은 그를 동桐으로 추방한 후 섭정을 했다. 이 장절은 바로 태갑이 3년 동안 동에 있으면서 잘못을 뉘우치자, 이윤이 다시 태갑에게 정권을 돌려준 상황과 관련된 대화이다. 하지만 또 다른 문헌에는 이윤이 태갑의 왕위를 빼앗아 태갑을 동에 감금하였지만, 3년 뒤에 태갑이 동을 빠져나와 그를 죽였다고 기록되어 있다. 맹자가 말하는 이윤과 같은 뜻이란 '사심이나 사욕이 없는 공명정대한 뜻'을 가리킨다.

서른두 번째

32

公孫丑曰, "詩曰'不素餐兮', 君子之不耕而食, 何也."

孟子曰, "君子居是國也, 其君用之, 則安富尊榮. 其子弟從之, 則孝弟忠信. '不素餐兮', 孰大於是."

공손추가 말하였다. "『시경』에 '일하지 않고는 먹지 않는다.'라고 하였는데, 군자君子가 농사를 짓지도 않고 먹는 것은 무엇 때문입니까?"

맹자가 말하였다. "군자가 한 나라에 살 때, 그 나라의 군주가 그를 등용하면, 나라가 편안하고 부유해지며, 존귀하고 명예로워지네. 젊은이들이 그를 따르면 효도하고 공손하며, 충성스럽고 믿음직스럽게 된다네. '일하지 않고는 먹지 않는다.'라고 하지만, 어느 것이 이보다 더 큰 일이겠는가?"

서른세 번째

33

王子墊問曰, "士何事."

孟子曰, "尙志."

曰, "何謂尙志."

曰, "仁義而已矣. 殺一無罪, 非仁也. 非其有而取之, 非義也. 居惡在? 仁是也. 路惡在? 義是也. 居仁由義, 大人之事備矣."

왕자王子 점墊이 물었다. "사士는 무슨 일을 해야 합니까?"

맹자가 말하였다. "고상한 뜻(尙志)을 가져야 합니다."

다시 물었다. "고상한 뜻을 가진다는 것은 무엇을 말하는 것입니까?"

맹자가 답하였다. "인仁과 의義일 뿐입니다. 한 사람이라도 죄 없는 사람을 죽이는 것은 인이 아니며, 자기 것이 아닌데도 가지는 것은 의가 아닙니다. 머물러야 하는 곳은 어디입니까? 인이 바로 그곳입니다. 가야 할 길은 어디입니까? 의가 바로 그 길입니다. 인에 머물고 의를 따라간다면, 대인大人이 해야 할 일은 모두 갖추어졌습니다."

역자 해설

'상지尙志'의 공부는 고상한 벗을 사귀는 '상우尙友'의 공부와 짝을 이뤄서, 늘 함께 병칭된다. 맹자가 말하는 '고상한 뜻'이란 바로 인仁과 의義이고, 이것을 갖출 때, 대인의 삶을 살아갈 수 있는 첫걸음을 내딛게 된다.

34

孟子曰, "仲子, 不義與之齊國而弗受, 人皆信之. 是舍簞食豆羹之義也. 人莫大焉亡親戚 · 君臣 · 上下. 以其小者信其大者, 奚可哉."

맹자가 말하였다. "진중자陳仲子에게 의롭지 않은 방식으로 제나라를 준다면, 거절할 것이라고 사람들은 모두 믿고 있습니다. 하지만 그의 행동은 밥 한 그릇과 국 한 그릇을 거절하는 것 같은 의義에 불과합니다. 사람에게 친척親戚, 군신君臣, 상하上下의 의를 잊는 것보다 큰 잘못이 없는데, 작은 의를 지킨다고 해서 큰 의를 지킬 것이라고 믿는 것이 어떻게 옳겠습니까?"

역자 해설

중자仲子는 「등문공 하」의 마지막 부분에 등장했던 진중자陳仲子로, 그의 형이 받는 봉록을 불의한 것으로 생각해서 형과 어머니를 피했던 사람이다. 맹자에게 진중자는 작은 의리를 지키려고 부모형제의 큰 인륜을 어긴 사람에 불과했다. 따라서 진중자에게 제나라를 주어도 받지 않을 것이라는 사람들의 믿음은 잘못되었다는 것이 맹자의 생각이다.

서른다섯 번째

35

桃應問曰, "舜爲天子, 皐陶爲士, 瞽瞍殺人, 則如之何?"

孟子曰, "執之而已矣."

"然則舜不禁與?"

曰, "夫舜惡得而禁之? 夫有所受之也."

"然則舜如之何?"

曰, "舜視棄天下, 猶棄敝蹝也. 竊負而逃, 遵海濱而處, 終身訢然, 樂而忘天下."

도응桃應이 물었다. "순舜이 천자天子가 되고, 고요皐陶는 사士가 되었는데, 순의 아버지 고수瞽瞍가 사람을 죽였다면 어떻게 했을까요?"

맹자가 말하였다. "고요는 법法대로 잡아들였을 것이네."

"그렇게 하면 순이 저지하지 않겠습니까?"

맹자가 말하였다. "순이 어떻게 저지할 수 있겠는가? 그것을 받아들여야 할 근거가 있는데."

"그렇다면 순은 어떻게 하였을까요?"

맹자가 말하였다. "순은 천하를 버리는 것을 마치 헌 짚신을 버리는 것처럼 생각하여, 아무도 모르게 아버지를 업고 도망쳐 바닷가에 살면서, 죽을 때까지 기뻐하며 세상을 잊고 지냈을 것이네."

역자 해설

고요皐陶는 순이 나라를 다스릴 때 형법刑法을 공정하게 관장했던 인물이다. 그런 인물이 천자의 아버지라고 그 법을 적용하지 않을 일도 없고, 순 역시 법을 그렇게 적용하는 것을 저지하지 않을 것이지만, 아버지가 어떤 죄를 지었는지와 상관없이 잡혀가는 것을 지켜보지 않는 것이야말로 맹자가 생각하는 효의 실천이다. 당연히 이 장면은 효를 실천하는 유교의 태도나 방법을 충실하게 드러내 보여주는 내용으로 이해할 수 있다. 하지만 이외에도 이와 같은 구도에서는 효제를 중심으로 하는 혈연적 질서체계와 법으로 대표되는 비혈연적 질서체계의 충돌 역시 읽을 수 있다. 그리고 이 두 가지 질서체계의 충돌에서 맹자가 보여주고 있는 태도는 어느 쪽도 부정하지 않지만, 혈연적 질서에 무게 중심을 두고 있다는 점 역시 확인된다.

서른여섯 번째 36

孟子自范之齊, 望見齊王之子. 喟然歎曰, "居移氣, 養移體, 大哉居乎! 夫非盡人之子與?"

孟子曰, "王子宮室 · 車馬 · 衣服多與人同, 而王子若彼者, 其居使之然也. 況居天下之廣居者乎? 魯君之宋, 呼於垤澤之門. 守者曰, '此非吾君也, 何其聲之似我君也?' 此無他, 居相似也."

맹자가 범范에서 제나라로 가서, 제나라 군주의 아들을 멀리서 바라보고는 감탄하며 말하였다. "거처하는 환경이 사람의 기상을 변화시키고, 음식이 체질을 바꿔놓으니, 환경은 이렇게도 중요하군요! 그도 똑같이 사람의 자식이 아니겠습니까?"

또 말하였다. "왕자王子가 거처하는 곳과 마차나 말, 그리고 의복衣服이 대부분 다른 사람과 똑같은데, 왕자가 저런 모습인 것은 그가 거처하는 환경이 그렇게 만든 것입니다. 그런데 천하의 넓은 집인 인仁에 거처하는 사람은 어떻겠습니까? 노魯나라 군주가 송宋나라에 가서 도성의 남문인 질택垤澤 성문에서 소리치자, 문을 지키는 사람이 '우리 군주가 아닌데, 어떻게 이렇게 음성이 우리 군주와 닮았는가?'라고 말하였는데, 이것은 다른 이유가 있는 것이 아니라, 거처하는 환경이 서로 비슷하기 때문입니다."

서른일곱 번째

37

孟子曰, "食而弗愛, 豕交之也, 愛而不敬, 獸畜之也. 恭敬者, 幣之未將者也. 恭敬而無實, 君子不可虛拘."

맹자가 말하였다. "사람에 대해 먹이기만 하고 사랑하지 않는다면, 돼지를 키우는 것과 같고, 사랑하기만 하고 공경恭敬하지 않는다면 짐승을 기르는 것과 같습니다. 공경하는 마음은 예물을 보내기 이전에 갖추어야 합니다. 그런데 공경하면서 실질적인 대우가 없거나 등용하지 않으면, 군자는 헛되이 얽매이지 않습니다."

서른여덟 번째

38

孟子曰, "形色, 天性也. 惟聖人, 然後可以踐形."

맹자가 말하였다. "사람의 신체용모身體容貌는 타고난 천성天性입니다. 그런데도 오직 성인聖人만이 신체용모의 천성을 온전히 실천할 수 있습니다."

역자 해설

'형색形色'은 신체적인 조건과 외모를 가리킨다. 신체적인 조건과 외모를 성인만이 온전히 실천할 수 있다는 말은, 일상 속에서 흔히 삶에 쫓겨 구겨지고 왜곡된 신체와 용모를 보는 것에서 그 의미를 이해할 수 있다. 젊은 시절을 보낸 후 시작되는 노년의 시간에서 신체용모는 그 살아온 삶을 적나라하게 보여준다. 육체적인 고생 여부와 무관하게 그 삶의 무게가 신체용모에서 흔히 드러난다는 점에서 맹자는 신체용모의 천성을 성인만이 온전히 실천할 수 있다고 말한 것이다. 맹자가 제시하는 '천형踐形' 역시 그 공부론의 주요한 내용이다.

서른아홉 번째

39

齊宣王欲短喪. 公孫丑曰, "爲期之喪, 猶愈於已乎?"

孟子曰, "是猶或紾其兄之臂, 子謂之姑徐徐云爾, 亦教之孝弟而已矣."

王子有其母死者, 其傅爲之請數月之喪. 公孫丑曰, "若此者, 何如也?"

曰, "是欲終之而不可得也, 雖加一日愈於已. 謂夫莫之禁而弗爲者也."

제나라 선왕宣王이 상례 기간을 줄이려 하였다. 이 문제로 공손추가 물었다. "부모가 돌아가셨는데, 1년 동안 상복을 입는 기년상朞年喪이라도 지내는 것이, 상례를 치르지 않는 것보다는 좋지 않겠습니까?"

맹자가 말하였다. "이것은 지금 어떤 사람이 형의 팔을 비틀고 있는데도, 자네가 그에게 '좀 천천히 비틀어라.'라고 말하는 것과 같네. 그래도 그에게 부모에게 효도하고 연장자에게 공경하는 효제孝弟의 도리를 가르쳐야 할 뿐이네."

왕자王子 중에 그 어머니가 죽은 사람이 있었는데, 그 스승이 왕자를 대신해 몇 달의 상이라도 지낼 수 있게 해주기를 청하였다. 이것에 관해 공손추가 맹자에게 물었다. "이런 경우는 어떻습니까?"

맹자가 말하였다. "이것은 상례 기간을 채우고 싶어도 채울 수 없는 경우로, 겨우 하루를 더하더라도 하지 않는 것보다는 낫다네. 앞에서 말한 것은 금지하는 것이 없는데도 상례 기간을 지키지 않는 경우를 말한 것이네."

역자 해설

부모의 상은 '3년상'을 지내는 것이 유교적 예법이다. 부친상의 경우 굵은 삼베로 가장자리를 마감해 꿰매지 않은 상복인 '참최복斬衰服', 모친상은 가장자리를 마감해 꿰맨 '자최복齊衰服'을 입고 '3년상'을 치른다. 만약 부친이 살아 있는데 모친이 사망했다면 단축해서 1년상인 '기년상朞年喪'을 치른다. '3년상'은 만 2년을 가리킨다. 사람이 사망하면 초상初喪을 치르고, 이듬해에 소상小喪 제사를 지내며, 만 2년이 되는 때에 대상大喪을 지낼 때 상복을 벗고, 신주를 사당에 옮겨서 상을 마치게 된다. 이 모든 과정과 지향을 현대인의 시각에서 옳고 그름을 평가할 수는 없다. 다만 여기에서 맹자 역시 현실적인 상황에 따라 예의 실천과 그 형식을 가감할 수 있다고 말한다.

마흔 번째

40

孟子曰, "君子之所以教者五. 有如時雨化之者, 有成德者, 有達財者, 有答問者, 有私淑艾者. 此五者, 君子之所以教也."

맹자가 말하였다. "군자가 사람을 가르치는 방법이 다섯 가지입니다. 때에 맞게 내리는 단비가 만물을 성장시키듯 사람을 교화하는 것이 있고, 덕德을 이루도록 하는 것이 있으며, 재능을 발휘하도록 하는 것이 있고, 물음에 답해 주는 것도 있으며, 직접 가르침을 받지는 않지만 홀로 맑게 하는 사숙私淑이 있습니다. 이 다섯 가지가 바로 군자가 가르치는 방법입니다."

마흔한 번째

41

公孫丑曰, "道則高矣, 美矣, 宜若登天然, 似不可及也. 何不使彼爲可幾及而日孳孳也."

孟子曰, "大匠不爲拙工改廢繩墨, 羿不爲拙射變其彀率. 君子引而不發, 躍如也. 中道而立, 能者從之."

공손추가 말하였다. "도道가 고상하고 아름답지만, 하늘에 올라가려는 것 같아, 도달하지 못할 것 같습니다. 왜 그것을 도달할 수 있는 것으로 만들어, 날마다 부지런히 따르도록 하지 않습니까?"

맹자가 말하였다. "뛰어난 목수는 서툰 목수를 위해 먹줄과 먹통을 고치거나 없애지 않으며, 활 잘 쏘는 예羿는 서툰 사수射手를 위해 활시위를 당기는 방법을 바꾸지 않는다네. 군자는 사람을 가르칠 때, 활쏘기를 가르치는 것처럼 활시위를 당길 뿐 화살을 쏘지 않고, 실제로 화살을 쏘는 것 같은 모습을 보여주네. 이렇게 올바른 방법으로 서 있으면, 할 수 있는 사람은 그것을 따라하게 된다네."

역자 해설

공손추가 제기하는 문제가 교육의 방법이라면 고민의 여지가 있을 것이다. 그런데 공손추는 교육 방법이 아니라 교육의 내용을 문제 삼고 있다. 당연히 가르쳐야 하고 또 배워야 할 것을 삭제하거나, 그 수준을 낮출 수는 없는 법이다.

마흔두 번째

42

孟子曰, "天下有道, 以道殉身. 天下無道, 以身殉道. 未聞以道殉乎人者也."

맹자가 말하였다. "세상에 도道가 실현되고 있을 때는 도를 가지고 몸을 따라가는 것, 곧 몸으로 도를 실천합니다. 세상에 도가 실현되지 않을 때는 몸을 가지고 도를 따라가는 것, 곧 도를 가지고 몸을 닦고 수호합니다. 도를 가지고 다른 사람을 따른다는 말은 들어 본 적이 없습니다."

역자 해설

세상에 도가 실현되고 있는 평온한 시절과 도가 실현되지 않는 어지러운 시절에 어떻게 처신하고 대응할 것인지 그 태도를 말하고 있다. 어떤 경우라도 도와 함께한다는 점에서는 일치하는 태도를 보여준다.

마흔세 번째

43

公都子曰, "滕更之在門也, 若在所禮, 而不答, 何也."

孟子曰, "挾貴而問, 挾賢而問, 挾長而問, 挾有勳勞而問, 挾故而問, 皆所不答也. 滕更有二焉."

공도자公都子가 말하였다. "등경滕更이 문하門下에 있습니다만, 예로 대우할만한데도, 그에게 답하지 않은 것은 무엇 때문입니까?"

맹자가 말하였다. "귀한 신분에 의지해서 묻거나, 자신의 뛰어난 재능에 의지해서 묻거나, 연장자라는 사실에 의지해서 묻거나, 공로가 있다는 사실에 의지해서 묻거나, 오래전부터 알고 지낸 사이라는 것에 의지해서 묻는 경우, 모두 답하지 않는 것이네. 등경은 이 가운데 두 가지에 해당된다네."

마흔네 번째

44

孟子曰, "於不可已而已者, 無所不已. 於所厚者薄, 無所不薄也. 其進銳者, 其退速."

맹자가 말하였다. "그만두어서는 안 되는 때에도 그만두는 사람은, 그만두지 못할 것이 없습니다. 후대해야 할 사람을 박대한다면, 박대하지 못할 사람이 없습니다. 나아가는 것이 재빠른 사람은, 물러나는 것 역시 재빠릅니다."

마흔다섯 번째

45

孟子曰, "君子之於物也, 愛之而弗仁, 於民也, 仁之而弗親. 親親而仁民, 仁民而愛物."

맹자가 말하였다. "군자는 만물을 아껴주지만 인仁으로 대하지는 않으며, 백성을 인仁으로 대하지만 친밀하게 대하지는 않습니다. 부모를 친밀하게 대한 후 백성을 인으로 대하며, 백성을 인으로 대한 후 만물을 아껴줍니다."

마흔여섯 번째

46

孟子曰, "知者無不知也, 當務之爲急. 仁者無不愛也, 急親賢之爲務. 堯舜之知而不遍物, 急先務也. 堯舜之仁不遍愛人, 急親賢也. 不能三年之喪, 而緦小功之察. 放飯流歠, 而問無齒決, 是之謂不知務."

맹자가 말하였다. "지혜로운 사람은 당연히 알아야 할 것 가운데 모르는 것이 없지만, 마땅히 해야 할 일을 급한 일로 여깁니다. 인을 실천하는 사람은 사랑하지 않는 것이 없으나, 부모와 현자賢者를 사랑하는 것이야말로 급하게 힘써야 할 일이라고 생각합니다. 요堯와 순舜 같은 지혜로운 사람도 모든 사물에 두루 미치지 못한 것은 먼저 해야 할 일을 급한 일로 여겼기 때문이고, 요와 순 같은 인을 실천하는 사람도 사람을 두루 사랑하지 못한 것은, 부모와 현자를 사랑하는 것이 가장 급한 일이라고 생각했기 때문입니다. 자신은 삼년상을 지키지 않으면서, 다른 사람의 3개월 상인 시마복緦麻服과 5개월 상인 소공복小功服은 자세히 살피거나, 예절에 맞지 않게 밥을 퍼먹고 국을 흘려가며 마시는 사람이, 마른고기를 이빨로 끊어 먹지 말라고 지적하는데, 바로 이것을 중요한 일이 무엇인지 알지 못하는 것이라고 합니다."

역자 해설

유교적 상례에서 망자와의 친소관계에 따라 상복은 모두 5종류로 나뉘진다. 3년 부친상의 참최斬衰, 3년 모친상의 자최齋衰, 9개월인 대공大功, 5개월 상인 소공小功, 3개월 상인 시마緦麻가 그것이다. 가장 짧은 기간인 시마복은 가늘고 부드러운 삼베를 사용한다. 일에는 선후와 본말이 있는데, 무엇이 중요한지를 알아서 그것을 먼저 처리하지 못하고 본말이 전도되는 것을 경계하고 있는 내용이다.

14. 진심장구盡心章句 하下

첫 번째

1

孟子曰, "不仁哉, 梁惠王也! 仁者以其所愛及其所不愛, 不仁者以其所不愛及其所愛."

公孫丑曰, "何謂也."

"梁惠王以土地之故, 糜爛其民而戰之, 大敗. 將復之, 恐不能勝, 故驅其所愛子弟以殉之. 是之謂以其所不愛及其所愛也."

맹자가 말하였다. "양梁의 혜왕은 인을 실천하지 않는구나! 인을 실천하는 사람은 자신이 사랑하는 것으로 자신이 사랑하지 않는 것에 영향이 미치도록 하고, 인을 실천하지 않는 사람은 자신이 사랑하지 않는 것으로 자신이 사랑하는 것에 영향이 미치도록 한다."

공손추가 말하였다. "무엇을 말씀하시는 것입니까?"

맹자가 말하였다. "양梁의 혜왕은 토지 때문에 자신의 백성을 희생하며 전쟁을 하다가 크게 패했네. 다시 싸우려 했지만 이기지 못할까 두려워, 자신이 사랑하는 자식까지 내몰아 죽게 하였네. 이것을 자신이 사랑하지 않는 것으로 자신이 사랑하는 것에 영향이 미치도록 했다고 말한 것이네."

역자 해설

기원전 341년, 마릉馬稜의 전투에서 위나라군은 전기田忌·손빈孫臏이 지휘하는 제나라군에 대패하였다. 이 전투로 상장군 방연龐涓이 전사하고, 혜왕의 아들인 태자 신申이 포로가 되었다. 그 이듬해(기원전 340년)에 다시 진秦나라가 쳐들어왔을 때도 위魏나라는 대패하면서, 안읍安邑에서 대양大梁으로 수도마저 옮겨야 했다. 맹자의 '사랑하는 자식까지 내몰아 죽게 하였다.'는 말은 이 사건을 가리킨다. 이후 위나라는 거듭된 패전으로 점차 쇠약해지면서 훗날 한韓나라와 함께 제나라에 복속되었다.

두 번째

2

孟子曰, "春秋無義戰, 彼善於此, 則有之矣. 征者上伐下也, 敵國不相征也."

맹자가 말하였다. "『춘추』의 기록 가운데 의로운 전쟁은 없지만, 그래도 그때가 지금보다 나은 것이 있습니다. 정벌이란 위의 천자가 아래 제후를 벌하는 것인데, 같은 제후국은 서로 정벌하지 못했습니다."

역자 해설

'춘추'를 춘추시대로 해석할 것인지, 공자가 정리한 역사서 『춘추』로 볼 것인지 의견이 갈리지만, 어느 것으로 해석하더라도 큰 차이는 없다. 『춘추』에 기록된 시기가 완전히 일치하는 것은 아니지만, 춘추시대에 해당하기 때문이다. 춘추시대라는 명칭이 바로 이 『춘추』라는 책의 이름에서 기원하기 때문이다. 춘추시대에는 주나라 초기에 세워졌던 종법적 질서가 흔들리며 무너지고 있었다. 하지만 맹자가 생존했던 전국시대만큼 그것이 노골적으로 부정되지는 않았다는 점에서 그나마 나은 것이 있다고 맹자는 말하고 있다.

세 번째

3

孟子曰, "盡信書, 則不如無書. 吾於武成, 取二三策而已矣. 仁人無敵於天下, 以至仁伐至不仁, 而何其血之流杵也."

맹자가 말하였다. "『서경』의 내용을 모두 믿는다면, 『서경』이 없는 것만 못합니다. 나는 『서경』의 「무성武成」 편에서는 두서너 구절을 취할 뿐입니다. 인을 실천하는 사람은 세상에 대적할 사람이 없는 법인데, 온전히 인을 실천하는 사람이 온전히 인을 실천하지 않는 사람을 정벌하였음에도, 어떻게 죽은 사람의 핏물에 절굿공이를 떠내려 보낼 수 있었겠습니까?"

역자 해설

「무성武成」은 『서경書經』「주서周書」를 구성하는 한 편의 글로, 주나라의 무왕이 상나라를 정벌한 기록이다. 맹자가 언급한 것은 상나라와의 대결전이 벌어진 목야牧野의 전투에서 절굿공이가 핏물에 떠다녔다는 기록으로, 구체적인 내용은 다음과 같다. "갑자일 이른 새벽에 그 숫자가 숲 같은 그의 군사들을 이끌고 와 목야의 들에서 만나 싸웠으나, 우리 군사들을 전혀 대적하지 못하였다. 앞에 있던 적의 무리가 창끝을 거꾸로 돌려 뒤의 자기편을 공격하여 달아나게 하니, 피가 흘러 절굿공이가 떠다녔다. 군복을 입고 한 번 싸우자 세상이 크게 안정되었던 것이다.(甲子昧爽, 受率其旅若林, 會于牧野. 罔有敵于我師, 前徒倒戈, 攻于後以北, 血流漂杵. 一戎衣, 天下大定.)" 이 내용은 『고문상서』에 수록되어 있다. 저杵는 일반적으로 절굿공이로 해석하지만, 방패로 해석하는 이도 있다. 절굿공이보다는 방패가 전투가 벌어지는 상황과 더욱 깊이 관련되어 있기도 하다. 당연히 절굿공이인지 아니면 방패인지도 중요하지만, 그렇게 무거운 것이 흐르는 핏물에 떠다닐 정도로 학살이 벌어졌던 당시의 상황 자체도 중요한 의미를 가진다.

네 번째

4

孟子曰, "有人曰, '我善爲陳, 我善爲戰.' 大罪也. 國君好仁, 天下無敵焉. 南面而征北狄怨, 東面而征西夷怨. 曰, '奚爲後我?' 武王之伐殷也, 革車三百兩, 虎賁三千人. 王曰, '無畏! 寧爾也, 非敵百姓也.' 若崩厥角稽首. 征之爲言正也, 各欲正己也, 焉用戰."

맹자가 말하였다. "어떤 사람이 '나는 진陣을 잘 설치하고 전쟁을 잘한다.'라고 말한다면, 큰 죄를 짓는 것입니다. 군주가 인仁을 좋아하면 세상에 대적할 사람이 없으니, 남쪽을 향해 정벌하면 북쪽의 오랑캐가 원망하고, 동쪽을 향해 정벌하면 서쪽의 오랑캐가 원망하여 '왜 우리를 뒤에 정벌하는가?'라고 말했습니다. 무왕武王이 은殷나라를 정벌할 때, 가죽수레(革車)가 3백 량輛이었고, 호랑이 같은 용맹한 군사가 3천 명이었습니다. 왕이 '두려워하지 마라. 너희들을 편안하게 하려는 것이지, 너희 백성을 적으로 삼지 않는다.'라고 말하자, 상商나라 백성들이 마치 짐승의 뿔이 무너지듯 머리를 조아렸습니다. 정벌(征)은 곧 '바르게 한다(正)'는 뜻으로, 각기 자기 나라를 바로 잡아 주기를 바라는데, 어떻게 전쟁이 필요하겠습니까?"

역자 해설

전쟁으로 세상을 대적하는 것이 얼마나 큰 죄를 짓는 것인지에 대해 설명하고 있다. 동시에 군주가 인을 실천할 때, 온 세상 사람들이 마음으로 복종하며 대적하지 않기 때문에, 전쟁은 필요하지 않게 된다는 맹자의 생각이 설득력 있게 표현되어 있다.

다섯 번째

5

孟子曰, "梓匠輪輿, 能與人規矩, 不能使人巧."

맹자가 말하였다. "나무를 다루는 목공과 수레를 만드는 장인은 다른 사람에게 걸음쇠(컴퍼스), 자와 같은 연장을 줄 수는 있지만, 그것으로 다른 사람이 훌륭한 기술을 가지게 할 수는 없습니다."

여섯 번째

6

孟子曰, "舜之飯糗茹草也, 若將終身焉. 及其爲天子也,被袗衣, 鼓琴, 二女果, 若固有之."

맹자가 말하였다. "순舜은 마른 밥을 먹고, 채소나 먹으며 한평생을 보낼 것 같았습니다. 그런데 천자天子가 되어서는 수놓은 옷을 입고 거문고를 타며, 두 부인의 시중을 받는 것이 본래부터 그랬던 것 같았습니다."

역자 해설

주희는 '성인의 마음은 빈천하다고 해서 다른 부유한 사람을 부러워하지 않고, 부귀하다고 해서 동요하지 않는다'는 뜻으로 이 구절을 해석하였다.

일곱 번째

7

孟子曰, "吾今而後知殺人親之重也. 殺人之父, 人亦殺其父. 殺人之兄, 人亦殺其兄. 然則非自殺之也, 一閒耳."

맹자가 말하였다. "나는 이제야 다른 사람의 친인을 죽이는 일이 매우 중대한 일이라는 것을 알았습니다. 내가 다른 사람의 아버지를 죽이면 다른 사람도 내 아버지를 죽이고, 내가 다른 사람의 형을 죽이면 다른 사람도 내 형을 죽입니다. 그렇다면 자기가 직접 아버지와 형을 죽인 것은 아니지만, 자신의 아버지와 형을 죽인 것과 약간의 차이밖에 없습니다."

역자 해설

사적인 복수가 일정 부분 이루어지던 당시의 상황과 함께, 그것이 어떤 결과를 초래하는지를 돌아보게 만드는 내용이다.

여덟 번째 8

孟子曰, "古之爲關也, 將以禦暴. 今之爲關也, 將以爲暴."

맹자가 말하였다. "옛날에 관문關門을 만든 것은 난폭한 일을 막기 위한 것이었습니다. 그런데 지금 관문을 만드는 것은 난폭한 짓을 하기 위한 것입니다."

역자 해설

본래 관문이란 외부로부터 유입될 수 있는 폭력을 막기 위해 설치했지만, 맹자가 생존할 당시에는 과도한 세금을 거두는 등 통행자를 괴롭히는 요소가 되어 버렸다는 뜻이다.

아홉 번째

9

孟子曰, "身不行道, 不行於妻子. 使人不以道, 不能行於妻子."

맹자가 말하였다. "자신이 도리에 맞게 행동하지 않으면 그 도리는 처자식에게도 실행되지 않습니다. 사람에게 일을 시키는데 도리에 맞게 하지 않으면 처자식조차 일을 시킬 수 없습니다."

열 번째

10

孟子曰, "周于利者, 凶年不能殺. 周于德者, 邪世不能亂."

맹자가 말하였다. "재부財富가 풍족한 사람은 흉년도 그를 죽이지 못합니다. 덕德이 풍족한 사람은 사악한 세상도 그를 어지럽힐 수 없습니다."

열한 번째

11

孟子曰, "好名之人, 能讓千乘之國. 苟非其人, 簞食豆羹見於色."

맹자가 말하였다. "명성을 좋아하는 사람은 전차 1천 대를 보유한 천승千乘의 나라도 사양하는척할 수 있습니다. 하지만 진정으로 그렇게 하는 사람이 아니라면, 밥 한 그릇과 국 한 그릇의 작은 이익에서도 본색을 드러냅니다."

열두 번째

12

孟子曰, "不信仁賢, 則國空虛. 無禮義, 則上下亂. 無政事, 則財用不足."

맹자가 말하였다. "인자仁者나 현자賢者를 믿지 않으면 나라에 인재가 남아 있지 않아 텅 비게 됩니다. 예禮와 의義가 없으면 상하上下의 질서가 어지러워집니다. 정사政事를 돌아보지 않으면 재정의 운용이 부족하게 됩니다."

역자 해설

한 나라를 운영하고 관리하는데 필요한 3가지 요소, 인재를 중심으로 하는 사람, 예의禮義를 통해 확보되는 질서, 정사政事를 통해 확보되는 재정에 관해 설명하고 있다. 하지만 이 사람과 질서, 재정은 국가나 정부에서만 필요한 요소가 아니라, 사람들이 만드는 크고 작은 모든 조직에 필요한 것이기도 하다.

열세 번째

13

孟子曰, "不仁而得國者, 有之矣. 不仁而得天下, 未之有也."

맹자가 말하였다. "인을 실천하지 않으면서 제후의 나라를 얻은 사람은 있었습니다. 하지만 인을 실천하지 않으면서 천하를 얻은 사람은 없습니다."

14

孟子曰, "民爲貴, 社稷次之, 君爲輕. 是故得乎丘民而爲天子, 得乎天子爲諸侯, 得乎諸侯爲大夫. 諸侯危社稷, 則變置. 犧牲旣成, 粢盛旣潔, 祭祀以時, 然而旱乾水溢, 則變置社稷."

맹자가 말하였다. "백성이 가장 귀중하고, 사직社稷은 그 다음이며, 군주는 가벼운 것입니다. 그러므로 밭일을 하는 백성을 얻으면 천자天子가 되고, 천자에게 신임을 얻으면 제후諸侯가 되며, 제후에게 신임을 얻으면 대부大夫가 됩니다. 제후가 사직을 위태롭게 하면 제후를 교체합니다. 제사의 제물인 희생犧牲이 이미 준비되고, 제사에 바칠 곡식인 자성粢盛이 정결하게 마련되어, 제사를 때에 맞춰 지냈는데도, 가뭄이 들고 홍수가 나면 사직의 위치를 바꿔 설치합니다."

역자 해설

'백성이 군주보다 귀하다'는 맹자의 민본사상을 확인할 수 있는 구절이다. 절대적인 권력을 가졌던 군주로서는 용인하기 어려운 부분이었으므로, 진秦나라와 한漢나라 이후 맹자는 오랫동안 주목받지 못한 인물이 될 수밖에 없었다.

열다섯 번째

15

孟子曰, "聖人, 百世之師也, 伯夷 · 柳下惠是也. 故聞伯夷之風者, 頑夫廉, 懦夫有立志. 聞柳下惠之風者, 薄夫敦, 鄙夫寬. 奮乎百世之上, 百世之下, 聞者莫不興起也. 非聖人而能若是乎, 而況於親炙之者乎."

맹자가 말하였다. "성인聖人은 영원한 스승이니, 백이伯夷와 류하혜柳下惠가 그런 분입니다. 그러므로 백이의 풍도風度를 들은 사람은 탐욕스럽던 사람이 청렴해지고, 나약한 사람은 뜻을 세우게 됩니다. 류하혜의 풍도를 들은 사람은 야박한 사람이 후덕해지고 편협한 사람은 관대해집니다. 그들이 백 세대 이전에 분발하였고, 백 세대 이후에 그 풍도를 들은 사람이 감동하여 분발하지 않은 사람이 없으니, 성인이 아니라면 어떻게 이렇게 할 수 있겠습니까? 더구나 그들 가까이에서 직접 배운 사람은 어떻겠습니까?"

열여섯 번째

16

孟子曰, "仁也者, 人也. 合而言之, 道也."

맹자가 말하였다. "인仁이라는 것은 사람다움입니다. 합해서 말하면 도道입니다."

역자 해설

'인仁'이 곧 '사람다움'이라는 말은 곧 인하지 않는다면, 진정한 사람으로 살아가지 못한다는 것을 뜻한다. 각각의 사람이 각자 자신의 사람다움을 실천하고 실현하는 것은 다른 어떤 것이 아니라, 그것 자체가 도道의 실현이자 실천이다. '합한다(合)'는 것은 곧 사람과 사람다움이 일치하는 것, 사람에 의해서 사람다움이 실현되는 것을 가리킨다.

열일곱 번째

17

孟子曰, "孔子之去魯, 曰, '遲遲吾行也.' 去父母國之道也. 去齊, 接淅而行, 去他國之道也."

맹자가 말하였다. "공자는 노나라를 떠날 때 '천천히 천천히 가자. 내 발걸음아!'라고 말하였습니다. 이것은 부모의 나라를 떠나는 도리였습니다. 제나라를 떠날 때는 밥을 지으려고 물에 담갔던 쌀을 건져서 출발했습니다. 이것은 타국他國을 떠나는 도리입니다."

역자 해설

이 구절은 「만장 하」 10의 내용과 중복된다.

열여덟 번째

18

孟子曰, "君子之厄於陳蔡之閒, 無上下之交也."

맹자가 말하였다. "군자, 곧 공자가 진陳나라와 채蔡나라 사이에서 곤란을 겪은 것은, 두 나라의 군주나 관리들과 교제가 없었기 때문입니다."

역자 해설

여기에서 군자는 곧 공자를 가리킨다. 『사기』의 「공자세가」에서는 공자가 겪은 곤란을 이렇게 기록하고 있다. "공자가 채蔡나라로 간 지 3년이 되던 해에 오吳나라가 진陳나라를 침략하였다. 초楚나라는 진나라를 돕기 위해 성보城父에 군대를 파견하였다. 이때 공자는 진나라와 채나라 사이에 있었는데, 이 소식을 들은 초나라에서는 사람을 보내 공자를 초빙하였다. 공자는 답례한다는 의미에서 초나라로 가려 하였는데, 이때 진나라와 채나라의 대부들이 모여서 이렇게 논의하였다. '공자는 현자이고, 그가 지적하는 것은 모두 제후들의 잘못들을 꼬집는 것들이었습니다. 이제까지 진나라와 채나라에 오랫동안 머물러 있었지만, 여러 대부가 시행한 정책들은 모두가 공자의 생각과 맞지 않는 것이었습니다. 지금의 초나라는 대국인데 이제 공자를 초빙하였습니다. 만약 공자가 초나라에서 등용된다면 진나라와 채나라에서 일을 담당하던 대부들은 모두가 위태로워질 것입니다.' 그래서 이들은 서로 장정들을 동원하여 들판에서 공자를 가로막고 포위하였다. 그래서 공자는 초나라로 갈 수가 없었으며, 식량이 떨어지고, 따르던 제자 가운데는 병이 들어 움직이지 못하는 사람도 생겨났다. 그러나 이런 상황 속에서도 공자는 경문을 강론하고 시를 암송하며, 거문고를 타고 노래를 하면서 조금도 흐트러지지 않았다. 이때 자로가 성난 표정으로 '군자도 곤궁할 때가 있습니까?'라고 물었다. 공자는 '군자란 곤궁할수록 굳건함을 지키지만, 소인은 곤궁해지면 곧잘 함부로 행동하게 된다'고 대답하였다."(孔子遷于蔡三歲, 吳伐陳. 楚救陳, 軍于城父. 聞孔子在陳蔡之閒, 楚使人聘孔子. 孔子將往拜禮, 陳蔡大夫謀曰, 孔子賢者, 所刺譏皆中諸侯之疾. 今者久留陳蔡之閒, 諸大夫所設行皆非仲尼之意. 今楚, 大國也,

來聘孔子. 孔子用於楚, 則陳蔡用事大夫危矣. 於是乃相與發徒役圍孔子於野. 不得行, 絶糧, 從者病, 莫能興. 孔子講誦弦歌不衰. 子路慍見曰, 君子亦有窮乎? 孔子曰, 君子固窮, 小人窮斯濫矣.) 공자가 곤궁을 당한 내용은 『논어』 「위령衛靈」 편에도 기록되어 있다.

열아홉 번째

19

貉稽曰, "稽大不理於口."

孟子曰, "無傷也. 士憎茲多口. 詩云, '憂心悄悄, 慍于群小.' 孔子也. '肆不殄厥慍, 亦不隕厥問.' 文王也."

학계貉稽가 말하였다. "저는 다른 사람들의 비방하는 말을 많이 듣습니다."

맹자가 말하였다. "마음 상할 것이 없습니다. 사士는 더욱 많은 사람의 입에서 미움을 받습니다. 『시경』에 '마음에 걱정이 가득하네, 여러 소인小人들에게 미움을 받는구나.'라고 하였는데, 공자가 그와 같은 경우였습니다. '그 미움을 없애지는 못했어도, 그 명예를 잃지는 않았네.'라고 하였는데, 문왕이 그 같은 경우였습니다."

역자 해설

다른 사람의 시선이나 평가보다, 자신이 걸어가야 할 올바른 길을 따라 꿋꿋하게 걸어가는 것이 중요하고 필요하다는 점을 강조하고 있다. 학계貉稽는 혹 맥계로 쓰기도 하는데, 현재로서는 정확한 고증은 쉽지 않다.

스무 번째

20

孟子曰, "賢者以其昭昭, 使人昭昭. 今以其昏昏, 使人昭昭."

맹자가 말하였다. "현자賢者는 자신의 밝음으로 다른 사람을 밝히려 하는데, 지금 사람들은 자신의 어두움으로 다른 사람을 밝히려 합니다."

스물한 번째

21

孟子謂高子曰, "山徑之蹊閒, 介然用之而成路. 爲閒不用, 則茅塞之矣. 今茅塞子之心矣."

맹자가 고자高子에게 말하였다. "산비탈 지름길에 잠깐이라도 사람들이 다니며 사용하면 길이 만들어지네. 그런데 잠깐이라도 사용하지 않으면, 띠풀이 다시 자라 길을 막는다네. 지금 띠풀이 자라 자네의 마음을 막고 있네."

역자 해설

고자高子는 맹자의 가르침을 받아들이지 못했던 제자로 알려져 있다. 가르침을 받아들이지 못하는 제자를 향한 맹자의 깨우침이다.

스물두 번째

22

高子曰, "禹之聲, 尙文王之聲."

孟子曰, "何以言之."

曰, "以追蠡."*

曰, "是奚足哉? 城門之軌, 兩馬之力與."

* 퇴려追蠡에서 추追는 퇴追로 읽으며, 종을 매달아 놓는 종의 고리를 가리키지만, 종을 치는 당목자리라고 보는 시각도 있다. 려蠡는 좀먹은 것을 가리키지만, 여기서는 좀먹은 듯 끊어지려는 모습을 형용한 말이다.

고자高子가 말하였다. "우禹의 음악이 문왕文王의 음악보다 낫습니다."

맹자가 말하였다. "어떻게 그렇게 말할 수 있는 것인가?"

"종을 매단 고리가 좀먹은 것처럼 낡아 끊어지려는 모습을 보면 그렇습니다."

"그것이 어떻게 충분한 근거가 되겠는가? 성문城門의 수레바퀴 자국이 겨우 말 두 마리의 힘으로 만들어졌겠는가?"

역자 해설

우의 음악이 문왕의 음악보다 낫다고 주장하는 근거를 종을 매단 고리가 낡아서 끊어지려는 사실에서 찾는다. 고리가 낡았다는 것은 많이 사용한 것이고, 많이 사용한 것은 많이 연주한 것이며, 많이 연주한 것은 그만큼 음악이 훌륭하다는 것을 증명한다고 생각한 것이다. 하지만 고리가 낡았다는 것이 음악의 훌륭함을 증명할 수는 없다. '성문城門의 수레바퀴 자국이 겨우 말 두 마리'에 의해서 만들어지지 않듯, 종을 매단 고리가 낡아 끊어지려고 하는 것은 숱한 세월이 만든 결과일 뿐이라는 뜻이다.

스물세 번째

23

齊饑. 陳臻曰, "國人皆以夫子將復爲發棠, 殆不可復."

孟子曰, "是爲馮婦也. 晉人有馮婦者, 善搏虎, 卒爲善士. 則之野, 有衆逐虎. 虎負嵎, 莫之敢攖. 望見馮婦, 趨而迎之. 馮婦攘臂下車, 衆皆悅之, 其爲士者笑之."

제나라에 흉년이 들자, 진진陳臻이 말하였다. "나라 사람들이 모두 선생님께서 예전 당棠의 창고를 열어 양식을 나누어주도록 했던 것처럼, 다시 나서 주실 것으로 생각하고 있는데, 아무래도 다시 그렇게 할 수는 없겠지요?"

맹자가 말하였다. "그렇게 하면 풍부馮婦가 되는 것이네. 진晉나라 사람 중에 풍부라는 사람이 호랑이를 잘 잡았는데, 나중에는 훌륭한 사士가 되었다네. 그 뒤에 그가 들판에 나갔을 때 여러 사람이 호랑이를 쫓고 있었네. 호랑이가 산모퉁이 앞에 버티고 서 있자 사람들이 감히 달려들지 못하였지. 그러다 멀리서 풍부가 다가오는 것을 보고 달려가서 맞이하였네. 풍부가 소매를 걷고 수레에서 내려오자, 사람들은 모두 좋아했지만, 사士들은 그 모습을 보고 비웃었다네."

역자 해설

앞서 제나라가 흉년일 때, 맹자가 당棠의 창고를 열어 백성들을 구제하도록 제나라 왕을 설득한 일이 있었는데, 이제 다시 제나라에 흉년이

들자 사람들이 또 맹자가 나서서 왕을 설득해 주길 기대하는 상황이다. 하지만 이제 상황은 바뀌어서 제나라 왕이 맹자 자신의 의견을 들어주지 않을 것이 분명한데, 사람들의 칭송을 듣기 위해 다시 나서서 일을 추진하는 것은 가능하지도 않을 뿐만 아니라, 결국에는 비웃음을 사게 될 것이라는 뜻으로 이해된다.

스물네 번째

24

孟子曰, "口之於味也, 目之於色也, 耳之於聲也, 鼻之於臭也, 四肢之於安佚也, 性也, 有命焉, 君子不謂性也. 仁之於父子也, 義之於君臣也, 禮之於賓主也, 智之於賢者也, 聖人之於天道也, 命也, 有性焉, 君子不謂命也."

맹자가 말하였다. "입이 맛에서, 눈이 색에서, 귀가 소리에서, 코가 냄새에서, 사지四肢가 편안함에서 추구하는 것은 모두 타고난 성性이지만, 그것을 얻을 수 있는지의 여부는 명命에 달려 있으므로, 군자는 이것을 성이라 하지 않습니다. 인仁이 아버지와 아들 사이에서, 의義가 군주와 신하 사이에서, 예禮가 손님과 주인 사이에서, 지智가 현자賢者에게서, 성인이 천도天道에 있어서 얼마나 실현되는지는 명命이 있지만, 모두 성性에 달려 있으므로, 군자는 이것을 명이라 하지 않습니다."

역자 해설

맹자가 말하는 성性은 두 가지 측면을 포함한다. 하나는 이목구비와 신체가 가진 자연적 욕구를 가리키는 경우이고, 다른 하나는 인의예지와 천도의 실천 주체인 도덕적 지향을 가리키는 경우이다. 전자가 자연적 본성이라면, 후자는 도덕적 본성이다. 맹자는 후자에 토대를 두고 본성이 선하다고 주장한다. 그런데도 인간이 가진 자연적 본성을 부정하지 않는다. 다만 자연적 본성이 인간을 인간으로 만드는 혹은 사람을 사람이라 부르게 하는 토대가 되지는 못한다고 생각할 뿐이다.

특히 이 자연적 본성이나 욕구는 일정한 제한이 있는데, 그것은 기본적으로 그 욕구를 아무런 제한 없이 충족할 수 없을 뿐만 아니라, 우리의 의지로 만족 여부를 결정할 수도 없다는 사실이다. 맹자는 이와 같은 제한이나 스스로 결정할 수 없는 것을 명命, 곧 운명이라 부른다. 그리고 이처럼 운명을 가진 자연적 본성을 맹자는 사람의 진정한 본성이라고 생각하지 않았다.

반면 인의예지천도仁義禮智天道의 도덕적 본성 역시 그것의 실현에서는 어쩔 수 없이 제한을 받지만, 그것을 온전히 완성하거나 실현하기 위한 노력을 우리의 의지로 결정할 수 있다. 그래서 실현에 있어서 제한 혹은 명은 있지만, 그것을 완성하기 위한 노력을 자신의 의지로 결정할 수 있다는 점에서, 맹자는 그것을 사람의 진정한 본성이라고 말한다. 짧은 구절에 불과하지만, 성性과 명命의 대비를 통해, 맹자가 말하는 선한 본성이 무엇인지를 분명하게 설명하고 있다.

浩生不害問曰, "樂正子, 何人也."

孟子曰, "善人也, 信人也."

"何謂善? 何謂信."

曰, "可欲之謂善, 有諸己之謂信. 充實之謂美, 充實而有光輝之謂大, 大而化之之謂聖, 聖而不可知之之謂神. 樂正子, 二之中, 四之下也."

호생불해浩生不害가 물었다. "악정자樂正子는 어떤 사람입니까?"

맹자가 대답하였다. "선한 사람이자, 믿음직한 사람입니다."

"무엇을 선이라 하고, 무엇을 믿음직한 것이라 합니까?"

맹자가 말하였다. "사람들이 하고 싶어 해도 되는 것을 '선善'이라 하고, 그 선을 자기 몸에 가지고 있는 것을 '믿음직함(信)'이라 합니다. 이것이 자기 몸에 가득 차 있는 것을 '아름다움(美)'이라 하고, 가득 차서 밖으로 광채가 드러나는 것을 '위대함(大)'이라 하며, 위대하면서 감화시키는 것을 '성스러움(聖)'이라 하고, 성스러우면서 그 깊이를 헤아려 알 수 없는 것을 '신묘함(神)'이라 합니다. 악정자는 앞 두 단계의 중간이며, 뒤 네 단계의 아래입니다."

역자 해설

선善·신信·미美·대大·성聖·신神의 여섯 가지 인격의 경지에 대한 설명이다.

스물여섯 번째

26

孟子曰, "逃墨必歸於楊, 逃楊必歸於儒. 歸, 斯受之而已矣. 今之與楊墨辯者, 如追放豚, 旣入其苙, 又從而招之."

맹자가 말하였다. "묵적墨翟에서 도망쳐 나오면 반드시 양주楊朱로 돌아가고, 양주에서 도망쳐 나오면 반드시 유학儒學으로 돌아옵니다. 돌아오면 받아줄 따름입니다. 지금 양주나 묵적의 무리와 변론하는 사람은 마치 도망쳐 나간 돼지를 쫓는 것처럼 하는데, 이미 돼지우리 속으로 돌아왔는데도 그 다리를 묶어놓으려 합니다."

스물일곱 번째

27

孟子曰, "有布縷之征, 粟米之征, 力役之征. 君子用其一, 緩其二. 用其二而民有殍, 用其三而父子離."

맹자가 말하였다. "삼베와 실로 거두는 세稅, 곡식으로 거두는 세, 노동력을 징발하는 세가 있습니다. 군자는 이 가운데 한 가지만 적용하고, 두 가지는 느슨하게 풀어줍니다. 두 가지를 함께 적용하면 백성들 가운데 굶어 죽는 사람이 있게 되고, 세 가지를 함께 적용하면 부모와 자식이 서로를 돌보며 살지 못하고 흩어지게 됩니다."

스물여덟 번째

28

孟子曰, "諸侯之寶三, 土地, 人民, 政事. 寶珠玉者, 殃必及身."

맹자가 말하였다. "제후의 보물은 세 가지인데, 국토와 백성 그리고 정치입니다. 주옥珠玉과 같은 보석을 보물이라 생각하는 사람에게는 재앙이 반드시 그 몸에 미칠 것입니다."

스물아홉 번째

29

盆成括仕於齊. 孟子曰, "死矣盆成括!"

盆成括見殺, 門人問曰, "夫子何以知其將見殺."

曰, "其爲人也小有才, 未聞君子之大道也, 則足以殺其軀而已矣."

분성괄盆成括이 제나라에서 관직에 오르자 맹자가 말하였다. "죽을 수밖에 없겠구나. 분성괄은!"

분성괄이 피살되자, 문인門人이 물었다. "선생님께서는 어떻게 그가 살해당하게 될 것을 아셨습니까?"

맹자가 대답하였다. "그 사람에게 작은 재주가 있지만, 군자의 큰 도道를 알지 못했으니, 그 작은 재주가 그 자신을 죽이기에 충분했을 뿐이네."

서른 번째

30

孟子之滕, 館於上宮. 有業屨於牖上, 館人求之弗得. 或問之曰, "若是乎? 從者之廋也?"

曰, "子以是爲竊屨來與?"

曰, "殆非也. 夫子之設科也, 往者不追, 來者不距. 苟以是心至, 斯受之而已矣."

맹자가 등滕나라로 가서 상궁上宮에 머물렀다. 만들던 신(屨)이 창문 위에 있었는데, 그 집 사람이 찾아도 찾지 못하였다. 어떤 사

람이 물었다. "이럴 수 있습니까? 제자들이 숨긴 것이지요?"

맹자가 대답하며 물었다. "당신은 우리가 신을 훔치러 왔다고 생각하는 것입니까?"

"아마 그렇지는 않을 것입니다. 다만 선생님이 수업을 개설해 제자를 받아들이면서 가는 사람을 붙잡지 않고 오는 사람을 막지 않습니다. 그러니 그런 마음을 가진 사람이 와도 받아들였을 것입니다."

서른한 번째

31

孟子曰, "人皆有所不忍, 達之於其所忍, 仁也. 人皆有所不爲, 達之於其所爲, 義也. 人能充無欲害人之心, 而仁不可勝用也. 人能充無穿踰之心, 而義不可勝用也. 人能充無受爾汝之實, 無所往而不爲義也. 士未可以言而言, 是以言餂之也. 可以言而不言, 是以不言餂之也, 是皆穿踰之類也."

맹자가 말하였다. "사람에게는 모두 참지 못하는 것이 있는데, 그것(참지 못하는 것)을 참는 것에 이르도록 하는 것이 인仁입니다. 사람에게는 모두 하지 않는 것이 있는데, 그것(하지 않는 것)을 하는 것에 이르도록 하는 것이 의義입니다. 사람이 다른 사람을 해치지 않으려는 마음을 확충할 수 있다면 인을 다 쓰지 못할 것이며, 사람이 담을 무너뜨리거나 넘어가 도둑질하지 않으려는 마음을 확충할 수 있다면 의를 다 쓰지 못할 것입니다. 사람이 이놈 저놈이라고 무시당하지 않을 내실을 확충할 수 있다면, 가는 곳마다 의를 행하지 않는 곳이 없을 것입니다. 사士가 말을 해서는 안 될 때 말한다면 이것은 말하는 것으로 꾀어내는 것이고, 말을 해야 할 때 말하지 않는다면 이것은 말하지 않는 것으로 꾀어내는 것으로, 이 모두는 담을 허물거나 넘어가서 남의 물건을 훔치는 것과 같은 짓입니다."

역자 해설

이 구절에 대한 다양한 해석이 있다. 다만 맹자의 기본적인 이론체계에 맞춰서 해석하면, 다음과 같이 이해할 수 있다. 맹자에게 있어서 '사람이 참지 못하는 것'은 곧 '악惡'이다. 선한 본성을 가진 사람은 악을 앞에 두고 참지 못한다. 이런 의미에서 '불인지심'은 곧 악을 참지 못하는 마음으로 이해할 수 있다. 그 악을 변화시켜 참을 수 있게 된 것, 혹은 참을 수 있는 것이 되도록 하는 것, 그것이 바로 '인仁'이다. '사람이 하지 않는 것'이란 곧 '불의不義'이다. 이 불의를 변화시켜, 하는 것 혹은 해도 되는 것이 되도록 하는 것, 그것이 바로 의義이다. 이와 같은 해석이 맹자의 이론체계에 맞춰 해석해 본 것이라면, 자구에 충실해서 '사람에게는 모두 참지 못하는 것(욕망 등)이 있는데, 그것을 참는 것이 되도록 하는 것이 바로 인'이라고 이해할 수도 있을 것이다.

서른두 번째

32

孟子曰, "言近而指遠者, 善言也. 守約而施博者, 善道也. 君子之言也, 不下帶而道存焉. 君子之守, 修其身而天下平. 人病舍其田而芸人之田, 所求於人者重, 而所以自任者輕."

맹자가 말하였다. "말이 쉬우면서도 그 뜻은 깊고 원대한 것이 훌륭한 말입니다. 지켜야 하는 것은 간단하면서도 그 효과가 넓은 것이 훌륭한 도리입니다. 군자의 말이란 허리띠까지 내려가지 않을 만큼 가깝게 늘 보고 듣는 것이지만, 그 가운데 도道가 있습니다. 군자가 지키는 것은 자신을 수양하는 것이지만 세상이 태평하게 됩니다. 사람들의 병통은 자신의 밭은 내버려 두고 남의 밭을 김매는 것인데, 다른 사람에게 요구하는 것은 무겁고, 자신이 맡은 것은 가볍게 다루기 때문입니다."

서른세 번째

33

孟子曰, "堯舜, 性者也. 湯武, 反之也. 動容周旋中禮者, 盛德之至也. 哭死而哀, 非爲生者也. 經德不回, 非以干祿也. 言語必信, 非以正行也. 君子行法, 以俟命而已矣."

맹자가 말하였다. "요堯와 순舜은 타고난 본성대로 한 경우이고, 탕湯과 무왕은 본성을 회복해 돌아간 경우입니다. 모든 행위와 용모가 예禮에 맞는 것이 훌륭한 덕德의 극치입니다. 죽은 사람에 대해 곡哭하고 슬퍼하는 것은 살아 있는 사람에게 보여주기 위해서가 아닙니다. 덕德을 실천하며 굽히지 않는 것은 벼슬을 얻기 위해서가 아닙니다. 반드시 말을 믿음직스럽게 하는 것은 내가 바르게 행동한다는 것을 보여주기 위해서가 아닙니다. 군자는 법도에 따라 행동하며 명命을 기다릴 뿐입니다."

서른네 번째

34

孟子曰, "說大人, 則藐之, 勿視其巍巍然. 堂高數仞, 榱題數尺, 我得志弗爲也. 食前方丈, 侍妾數百人, 我得志弗爲也. 般樂飮酒, 驅騁田獵, 後車千乘, 我得志弗爲也. 在彼者, 皆我所不爲也. 在我者, 皆古之制也, 吾何畏彼哉."

맹자가 말하였다. "대인大人을 설득할 때에는 가르쳐야 할 사람으로 내려다봐야지, 그 높은 위세를 보지 말아야 합니다. 건물의 높이가 몇 길이나 되고, 서까래 끝이 몇 자나 되는 집은 내가 뜻을 이루더라도 짓지 않을 것입니다. 열 자나 되는 밥상에 차려져 있는 음식과 시종 드는 첩妾 수백 명을 두는 일은 내가 뜻을 이루더라도 하지 않을 것입니다. 크게 즐기며 술을 마시고, 말을 타고 달리며 사냥하고, 천 대나 되는 수레를 뒤따르게 하는 것은 내가 뜻을 이루더라도 하지 않을 것입니다. 저들에게 있는 것은 모두 내가 하지 않으려는 것이고, 나에게 있는 것은 모두 옛 제도인데, 내가 무엇 때문에 그들을 두려워하겠습니까?"

역자 해설

여기에서 맹자가 말하는 대인大人은 제후를 비롯한 높은 직위와 권력을 가진 관리들을 가리킨다. 이들 앞에서 자신의 주장을 펼칠 때, 스스로 담담하면서도 당당하지 못하다면, 그들을 설득할 수 없다는 점은 분명하다.

서른다섯 번째

35

孟子曰, "養心莫善於寡欲. 其爲人也寡欲, 雖有不存焉者, 寡矣. 其爲人也多欲, 雖有存焉者, 寡矣."

맹자가 말하였다. "본심을 기르는 방법으로 욕심을 줄이는 것보다 더 좋은 것이 없습니다. 그 사람됨이 욕심이 적으면, 비록 본성에서 보존하지 못한 것이 있어도, 그 보존하지 못한 것이 적습니다. 그 사람됨이 욕심이 많으면, 비록 본성에서 보존한 것이 있어도, 그 보존한 것이 적습니다."

역자 해설

맹자철학의 궁극적인 지향은 결국 선한 본성이나 본심을 회복하고 또 그것을 보존하는 것이다. 그 방법이 공부이다. 본심을 회복하는 방법으로 맹자는 본심 스스로의 각성이나 자각과 함께 외적으로 그와 같은 각성이나 자각이 일어날 수 있는 환경을 만들라고 제안한다. 특히 맹자가 여기에서 제시하는 공부의 방법인 양심養心은 사단의 마음인 본심을 길러내는 방법이다. 본심을 회복하고 유지하는 방법이기도 하다. 그리고 이 본심을 기르는 양심의 구체적인 방법으로 '욕심을 줄이는 것(寡欲)'이 가장 중요하다고 맹자는 말하고 있다.

서른여섯 번째

36

曾晳嗜羊棗, 而曾子不忍食羊棗. 公孫丑問曰, "膾炙與羊棗孰美?"

孟子曰, "膾炙哉!"

公孫丑曰, "然則曾子何爲食膾炙而不食羊棗?"

曰, "膾炙所同也, 羊棗所獨也. 諱名不諱姓, 姓所同也, 名所獨也."

증석曾晳이 고욤을 좋아했으므로, 그 아들인 증자曾子는 차마 고욤을 먹지 못하였다. 공손추公孫丑가 물었다. "날고기나 구운 고기 그리고 고욤 가운데 어느 것이 더 맛있습니까?"

맹자가 답하였다. "날고기와 구운 고기이겠지."

공손추가 다시 물었다. "그렇다면 증자는 왜 맛있는 날고기나 구운 고기는 드시면서, 맛없는 고욤은 드시지 않았습니까?"

맹자가 답하였다. "날고기나 불고기는 누구나 좋아하는 것이지만, 고욤은 아버지만 홀로 좋아하였기 때문이네. 아버지의 이름을 직접 부르는 것은 꺼리면서 성을 부르는 것을 꺼리지 않는 것과 같은데, 성은 많은 사람이 함께 쓰는 것이고 이름은 홀로 쓰는 것이기 때문이네."

역자 해설

왕이나 선조에 대해 공경을 표시하기 위해, 그 이름자의 일부를 생략하거나 다른 글자로 바꿔 쓰는 것을 피휘避諱라고 한다. 왕이나 조상의 이름을 함부로 입에 올려 부르거나 쓰지 않는 것도 포함한다.

서른일곱 번째

37

萬章問曰, "孔子在陳曰, '盍歸乎來! 吾黨之士狂簡, 進取, 不忘其初.' 孔子在陳, 何思魯之狂士."

孟子曰, "孔子'不得中道而與之, 必也狂獧乎! 狂者進取, 獧者有所不爲也'. 孔子豈不欲中道哉? 不可必得, 故思其次也."

"敢問何如斯可謂狂矣."

曰, "如琴張 · 曾晳 · 牧皮者, 孔子之所謂狂矣."

"何以謂之狂也."

曰, "其志嘐嘐然, 曰'古之人, 古之人', 夷考其行而不掩焉者也. 狂者又不可得, 欲得不屑不潔之士而與之, 是獧也, 是又其次也.

"孔子曰, '過我門而不入我室, 我不憾焉者, 其惟鄕原乎! 鄕原, 德之賊也.' 曰, "何如斯可謂之鄕原矣."

曰, "'何以是嘐嘐也? 言不顧行, 行不顧言, 則曰, 古之人, 古之人. 行何爲踽踽涼涼? 生斯世也, 爲斯世也, 善斯可矣.' 閹然媚於世也者, 是鄕原也."

萬子曰, "一鄕皆稱原人焉, 無所往而不爲原人, 孔子以爲德之賊, 何哉."

曰, "非之無擧也, 刺之無刺也. 同乎流俗, 合乎汙世. 居之似忠信, 行之似廉潔. 衆皆悅之, 自以爲是, 而不可與入堯舜之道, 故曰德之賊也. 孔子曰, '惡似而非者, 惡莠, 恐其亂苗也. 惡佞, 恐其亂義也. 惡利口, 恐其亂信也. 惡鄭聲, 恐其亂樂也. 惡紫, 恐其亂朱也. 惡鄕原, 恐其亂德也.' 君子反經而已矣. 經正, 則庶民興. 庶民興, 斯無邪慝矣."

만장萬章이 물었다. "공자가 진陳나라에 있으면서 '왜 돌아가지 않겠는가? 우리 고을 사士들의 뜻이 크고 진취적이며 그 처음에 뜻한 바를 잊지 않는다.'라고 말하였습니다. 공자는 진나라에 있으면서 왜 노魯나라의 진취적인 사士들을 생각하셨습니까?"

맹자가 말하였다. "공자는 '중용中庸의 도道를 행하는 사람을 만나서 함께할 수 없다면, 반드시 광자狂者와 견자獧者를 택하겠다. 광자는 진취적이고, 견자는 하지 않는 것이 있다.'라고 하였다네. 공자가 어떻게 중도中道를 실천하는 사람을 원하지 않았겠는가? 하지만 반드시 얻을 수 있는 것은 아니므로 그다음의 사람을 생각하셨던 것이네."

만장이 말하였다. "어떤 사람을 '광자'라 할 수 있는지 감히 여쭙습니다."

"금장琴張, 증석曾皙, 목피牧皮와 같은 사람들이 공자가 말한 '광자'들이네."

"무엇 때문에 '광자'라고 부르는 것입니까?"

"그 뜻이 높고 커서 말만 하면 '옛사람은 이렇고, 옛사람은 저렇고' 들먹이지만, 평소에 그들의 행실을 살펴보면 그 말한 것을 모두 실천하지 못하기 때문이네. 그런데 이 광자조차 얻지 못하면 청렴하지 않은 것을 좋게 여기지 않는 사士와 함께하고자 하였으니, 이 사람이 '견자'인데, 광자 다음가는 사람이라네."

"공자는 '우리 대문 앞을 지나면서 집에 들어오지 않더라도 유감스럽게 생각하지 않는 사람은 오직 향원鄕原뿐이다. 향원은 덕을 해치는 사람이다.'라고 하셨는데, 어떻게 행동하는 사람을 향원이라 할 수 있습니까?"

맹자가 답하였다. "광자에 대해 '어떻게 이토록 큰소리만 치고, 말은 행동을 돌아보지 않고 행동은 말을 돌아보지 않으면서, 옛사람은 이렇고, 옛사람은 저렇고 들먹일 뿐'이라 비난하고, 견자에 대해서는 '하는 행동은 어떻게 해서 이렇게 외롭고 쓸쓸한가? 이 세상에 태어났으면 이 세상을 위하고, 선하다고 하면 되는 것이다.'라고 비난하며, 환관처럼 세상에 아첨하는 사람이 바로 향원이네."

만장이 말하였다. "한 지방 사람들이 모두 착하고 진실한 사람이라고 말한다면 어디를 가더라도 착하고 진실한 사람이 되지 못할 것이 없을 텐데, 공자가 '덕을 해치는 사람이다.'라고 한 것은 무슨 까닭입니까?"

맹자가 말하였다. "비난하려고 해도 들춰 지적할 것이 없고, 꼬집어 풍자하려 해도 풍자할 것도 없네. 그렇지만 세상의 속된 흐름을 따라 더러운 세상에 영합하며, 살아가는 모습은 충직하고 신의가 있는 듯이 보이고, 행동은 청렴결백清廉潔白한 것 같아서, 여러 사람이 모두 그를 좋아하고 자신도 옳다고 여기지만, 이 사람과 함께 요堯와 순舜의 도에 들어갈 수가 없으므로, '덕을 해친다.'라고 하신 것이네. 공자는 '비슷하지만 잘못된 것을 미워하니, 가라지를 미워하는 것은 곡식의 싹을 어지럽힐까 염려하기 때문이고, 아첨하는 사람을 미워하는 것은 의義를 어지럽힐까 염려하기 때문이며, 말 잘하는 사람을 미워하는 것은 신의를 어지럽힐까 염려하기 때문이고, 정鄭나라 음악을 미워하는 것은 정악正樂을 어지럽힐까 염려하기 때문이며, 간색間色인 자주색을 미워하는 것은 정색正色인 붉은색을 어지럽힐까 염려하기 때문이고, 향원을 미워하는 것은 덕을 어지럽힐까 염려하기 때문이다.'라고 말씀하셨네. 군자는 불변하는 도(經)로 돌아갈 뿐이네. 불변하는 도가 바르게 자리 잡으면 백성들이 홍성하고, 백성들이 홍성하면 사악한 것이 없어질 것이네."

역자 해설

중도中道를 실천하는 사람과 광자狂者, 견자獧者 그리고 향원鄕原의 유형을 통해 우리가 어떤 삶을 지향해야 하는지를 보여준다. 중도를 실천하는 사람은 당연히 최고의 인격을 갖춘 사람이지만, 이와 같은 사람을 만나기는 쉽지 않다. 이런 경우 그다음에 만나려고 노력해야 할 사람이 바로 광자이다. 광자는 한편으로 고집스럽고 과격한 모습을 보이기도 하지만, 적극적이고 진취적인 태도를 보인다. 그런데 이 광자와도 함께 할 수 없다면, 그다음으로 함께 할 수 있는 사람은 견자이다. 견자는 적극적이고 진취적이지는 않지만, 하지 않아야 할 것은 하지 않고, 지켜야 하는 것은 지키는 원칙을 가진 사람이다. 반면 향원은 겉으로 보기에 비난할 것도, 지적할 것도 없어서 신의가 있고 청렴결백한 것처럼 보이지만, 그 모든 것은 위선에 불과한 사람이다. 광자나 견자가 가진 덕목도 찾아볼 수 없다. 향원이 더욱 나쁜 것은 보통사람들에게 일정한 존경을 받고 있고, 그만큼 영향력을 행사할 수 있어서 다른 사람들까지 물들일 수 있다는 점이다.

서른여덟 번째

38

孟子曰, "由堯舜至於湯, 五百有餘歲, 若禹 · 皐陶, 則見而知之. 若湯, 則聞而知之. 由湯至於文王, 五百有餘歲, 若伊尹 · 萊朱則見而知之. 若文王, 則聞而知之. 由文王至於孔子, 五百有餘歲, 若太公望 · 散宜生, 則見而知之. 若孔子, 則聞而知之. 由孔子而來至於今, 百有餘歲, 去聖人之世, 若此其未遠也, 近聖人之居, 若此其甚也, 然而無有乎爾, 則亦無有乎爾!"

맹자가 말하였다. "요堯와 순舜으로부터 탕湯에 이르기까지가 500여 년인데, 우禹와 고요皐陶는 요와 순을 직접 보고 알았고, 탕은 듣고 알았습니다. 탕으로부터 문왕文王 때까지가 500여 년인데, 이윤伊尹과 래주萊朱는 직접 보고 알았고, 문왕은 듣고 알았습니다. 문왕으로부터 공자 때까지가 500여 년이니, 태공망太公望과 산의생散宜生은 직접 보고 알았고, 공자는 듣고 알았습니다. 공자로부터 지금에 이르기까지가 100여 년이니, 성인聖人이 살았던 세대와의 거리가 이처럼 멀지 않고, 성인이 살던 곳과의 거리가 이토록 가까운데도 듣고 알게 된 사람이 아무도 없으니, 역시 아무도 없을 것인가!"

역자 해설

『맹자』의 마지막은 도통道統이 전승된 계보를 제시하는 것으로 마무리하고 있다. 요와 순에서 시작해 공자까지 도가 전승되는 과정과 함께, 공자로부터 100여 년이 지난 맹자 당대에 공자를 계승한 사람이 아무도 없을 것인가라는 맹자의 탄식 속에서, 자신이 유일한 계승자라는 의식과 자부심을 읽을 수 있다. 그리고 이와 같은 자부심에서 보자면, 마지막에 도통 전승의 계보를 제시한 것은 곧 맹자의 어록인 이 『맹자』가 바로 이 도통을 계승하고 이은 유일한 저술이라는 점을 천명한 것으로 이해할 수 있다. 이후 맹자가 제시한 이 도통 전승의 계보는 당나라 말기 한유韓愈에 의해 도통론道統論으로 정리되었다. 특히 주희는 한유의 도통론에 기반을 두고 사서四書를 정리하면서, 공자와 맹자 사이에 증자曾子와 자사子思를 위치시키고, 그 흐름에 맞게 『논어』·『대학』·『중용』·『맹자』의 순서로 사서를 배치하였다. 증자와 자사를 각각 『대학』과 『중용』의 저자로 연결하며, 도통의 계보를 통해 본인이 정리한 사서의 정당성을 확보하였다.

맹자(孟子, BC 372？~ BC 289？)

성은 맹孟이고, 이름은 가軻이다. 전국시대 유가儒家를 대표하는 학자로, 성선론性善論과 왕도정치론王道政治論은 그의 핵심 이론이자 주장이다. 그의 삶 역시 공자와 유사해서, 젊어서는 제자를 키우는 데 힘썼고, 50대 이후 위·제 등의 열국을 주유하며 그 뜻을 펼칠 기회를 얻기 위해 노력했지만, 뜻을 이루지 못하고, 70세를 전후해 추나라에 돌아올 수밖에 없었다. 만년에는 문인인 만장이나 공손추 등과 함께 그의 어록인 『맹자』를 편찬하였다.

옮긴이 김기주

계명대학교 철학과를 졸업하였으며, 臺灣 東海大學 哲學研究所에서 논문 「理想的道德與道德的理想-孟子道德哲學之再構成」으로 박사학위를 취득하였다. 현재 계명대학교 Tabula Rasa College 교수로 있다. 맹자철학에 대한 이해를 바탕으로 조선성리학과 그 직접적인 뿌리인 송명리학에 대해 깊은 관심을 가지고 연구하고 있다. 저역서에는 『서원으로 남명학파를 보다』, 『심체와 성체1-총론』, 『유교와 칸트』 등이 있고, 논문에는 「四端七情論으로 본 畿湖學派의 3期 발전」, 「혈연적 질서로부터 비혈연적 질서로-춘추전국시대와 제자백가의 대응」, 「'블록체인 기술'의 인문학적 함의」 등 다수가 있다.

달섬 세계고전 25

맹자 2

지은이 맹자
옮긴이 김기주
펴낸이 김동원
펴낸곳 달섬

초판 1쇄 인쇄 2021. 04. 22.
초판 1쇄 발행 2021. 04. 30.

달섬 전라북도 전주시 완산구 어진길 32 (풍남동2가)
전화 (063) 219-5322
FAX (063) 219-5323
출판등록 2012년 8월 20일 제465-2012-000021호

값 10,000원

ISBN 979-11-6372-123-9 04140
ISBN 979-11-6372-001-0(세트) 04080

'달섬'은 전북대학교출판문화원의 임프린트입니다.